消えた！
東京の駅名

主要駅名の引継ぎ

鉄道の起点駅「新橋駅」（東海道線）の駅名を引き継ぐこととなった「旧烏森駅」は、改称に先立ち煉瓦造りの駅舎へ改築した（8頁参照）。「多摩川駅」（現東急多摩川線）などでも様々な駅名を経て、なぜか開業時の駅名に戻っている（94頁参照）。

駅名を
変えた舞台

旧駅名を取り止めて現在の駅名に変えたのはなぜか。
現駅名に至るにはいくつか理由が挙げられる。
そうした改称駅名の理由を、由来となった駅や場所を
当時の写真などから訪ねてみた。

駅名の一斉改称

「旧京王電軌」（現京王電鉄）では鉄道の利用を促すため、駅名の一斉観光化を目指した。近くの著名な施設などを由来とし、その改称数は1両年で10数駅に上る。「北沢駅→桜上水駅」「上高井戸駅→芦花公園駅」などで、錦絵の「京王電車路線図」には改称前の駅名が並ぶ（86頁参照）

類似駅名との混乱回避

「西銀座駅前」（旧営団・丸ノ内線）は歌謡曲の大ヒットなどで知名度が上がる。だが路線の違う類似駅名「銀座駅」（銀座線）との混乱を避けるために駅名を変えていく（同名の映画ポスター＝30頁参照）。類似駅名の回避では戦前の「村山貯水池」（多摩湖）周辺の駅名（村山貯水池駅・村山貯水池際駅・村山貯水池前駅）がよく知られる（62頁参照）。

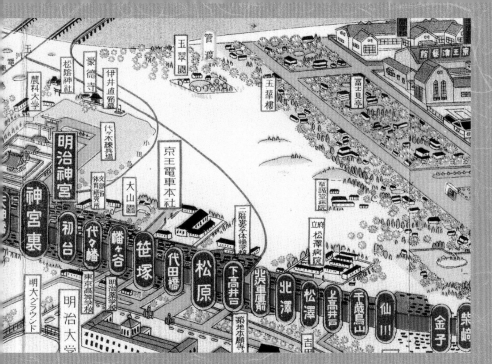

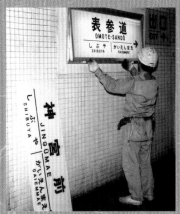

新駅設置で駅名を譲渡

にぎわう明治神宮近くに新しい地下鉄の駅が設置されたので、同神宮からやや離れている「神宮前駅」（地下鉄銀座線）は「表参道駅」と改称して新駅に駅名を譲った（28頁参照）＝写真提供：地下鉄博物館。「旧九品仏駅」の「現自由が丘駅」（東急東横線）も、神社近くに新駅ができたのでなじみの駅名（現九品仏駅）を提供している（90頁参照）。

橋梁名から命名

歴史を持つ鉄道では、駅近くの橋梁名や川・池などから名付けた駅名も目立つ。現両国駅の「両国橋駅」（総武線＝11頁参照）や「水道橋駅」（中央線）などの駅名は、近接する同名の橋から命名されている（写真は両国橋）

冠を載せた駅名改称

他の駅名と重複すると駅名の頭に、鉄道会社名や旧国名を付けて対応した。現京急電鉄の「蒲田駅」は、近くに「国鉄・蒲田駅」ができると「京浜蒲田駅」（115頁参照）へ改称する＝写真提供：大田区立郷土博物館。「境駅」（中央線）では他に同名駅があったので、旧国名を付けて「武蔵境駅」と改称した

Contents

4

第3章 | 小田急電鉄・京王電鉄 …………… 63

小田急電鉄

京王電鉄

【凡例】①現在開業している駅についてのみの旧駅名経緯の解説で、既に廃止されている駅は含まれていない ②駅をいったん廃止した後に同じ駅名で再開設した場合、鉄道会社が「継続駅扱い」としている駅は含めた ③交差駅などで路線が別だが同じ駅名の場合は、創業時の会社が異なる時も同ページにまとめて記載した

JR東日本・都営交通・東京メトロ

「国立駅」は「谷保(仮)」から改称したが、立川駅と国分寺駅の
中間にあるため、両駅の頭文字を取って付けたというユニークな
経過を持つ。開業時の駅舎(左)と旧駅が復元された現国立駅

公共的鉄道の性格から地名駅が目立つ

　いずれも国営・都営・半官半民の、「公共路線」として発展してきた鉄道である。このため旧国鉄線は「新橋駅」や「品川駅」「新宿駅」など、人々に納得が得られる地名を由来とする駅名が大半だ。旧国鉄線ながら私鉄で起業した、山手線(旧日本鉄道)や総武線(旧総武鉄道)なども、地名由来の駅名がほとんどである。

　一方では昭和時代に私鉄で起業した地下鉄の「旧東京地下鉄道」(現東京メトロ銀座線)などは、建設にあたっての資金確保などから、デパートや商店街等の駅名を付ける動きも高まる。「三越前駅」や「上野広小路駅」などがその代表と言えよう。

　しかし時代の変化とともに、公共的鉄道でも乗降客の増加に伴い住民の意向や地域の実態に沿った駅名に改称していく。「柏木駅→東中野駅(中央線=12頁参照)や「氷川駅→奥多摩駅」(青梅線=20頁参照)などである。

　特に戦後になると旧来の駅名見直しも進む。都営や旧営団(帝都高速度交通営団。現東京メトロ)の地下鉄における「志村駅→高島平駅」(都営三田線=27頁参照)や「青山六丁目駅→表参道駅」(銀座線=28頁参照)のように、集合住宅や観光地などへと改称を進めていくのである。

　とはいえ公共的色彩の高い旧国鉄(現JR)・都営交通・東京メトロなどの駅名は、歴史的にも長く地域に溶け込んでいる。このため近年でも町村制や住居表示などの、行政上の施行による以外はなかなか駅名改称に踏み切れなかった体質を持つ。それでも中には「谷保→国立駅」(中央線=15頁参照)や「西銀座駅→銀座駅」(銀座線=30頁参照)など、ユニークな改称経過を持つ駅も散見される。

新橋 ←烏森
しんばし　からすもり

JR東日本 東海道線

DATA 新橋駅←烏森駅＝1914年12月20日／所在地：東京市芝区烏森町5番地（現港区新橋2-17-4）／設置者：鉄道院／開業日：1909年12月16日

鉄道の始祖は貨物駅「汐留」で消滅

　日本の鉄道の歴史は1872（明治5）年10月、新橋から横浜（現桜木町）までを走った陸蒸気（蒸気機関車）に始まる。その後に新設される東京駅への乗り入れ計画が持ち上がる。しかし始祖・新橋駅から東京駅への直進ルートは、既に市街地化の進展によって、買収・工事などが困難な状況にあった。やむなく新橋駅の位置変更が迫られた。

　そこで1909（明治42）年12月に電車線専用駅として開業していた近隣の「烏森駅」【写真❶】へ、由緒ある「新橋駅」を引き継がせることにした【写真❷】。いっぽうの旧新橋駅は1914（大正3）年12月、貨物専用駅の「汐留駅」として改称・残存させたものの、トラッ

ク輸送の急増を受けて、1986（昭和61）年11月に114年の歴史に幕を閉じた。

　汐留駅と同時に新橋駅と改称した烏森駅は、当時の所在地の地名（東京市芝区烏森町）が由来だ。地名由来は「駅近くにある烏森稲荷（現烏森神社）から名付けた」（通説）とされるが、「天慶年間、藤原秀郷が平将門の乱を鎮圧したのち、この地で神の使いといわれる烏が群がるのを見て勧請したとのもの」（本間信治「消えてゆく東京の地名」）の説もある。

　東京駅への乗り入れを控えた1914（大正3）年3月、駅機能を強化する必要に迫られて煉瓦造りの華麗本屋を竣工させた【写真❸】。この煉瓦造りの駅舎は関東大震災で焼けてしまう。だが骨格がし

【写真❶】「烏森駅」で開業された現新橋駅は、高架下駅舎で産声を上げた（1909年頃）＝出典：「東京遊覧画報」

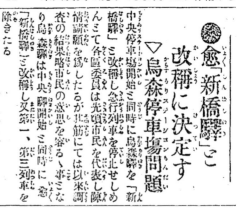

【写真❷】市民の陳情で新橋駅への改称を伝える新聞記事＝出典：「朝日新聞」（1914年7月30日）

【写真❸】東京駅への乗り入れに備えて新築した煉瓦造りの新橋駅＝出典：絵葉書

【写真❹】関東大震災で焼けた駅舎は屋根部分などを改修して戦後まで使われた（1966年5月）＝撮影：田口政典

っかりしていたので、1926（大正15）年3月に屋根部分を改修して戦後まで使用された【写真❹】。

1980（昭和55）年に東海道線と横須賀線の分離運転の（横須賀線の地下化）ために駅舎を増築することになるが、それに先立ち煉瓦の駅舎は解体され1976（昭和51）年10月、新駅舎（汐留口）が建てられ、現在に至る【写真❺】。

【写真❺】約半世紀前に改築された新橋駅で、駅前には「鉄道唱歌の碑」も立つ

「本所」の冠称廃止に伴い新たな名へ──

錦糸町 ← 本所
（きんしちょう）（ほんじょ）

JR東日本　総武線

DATA　錦糸町駅←本所駅＝1915年5月1日／所在地：東京市本所区本所錦糸町（現墨田区江東橋3-14）／設置者：総武鉄道／開業日：1894年12月9日

「本所錦糸町」は「錦糸町」に

千葉県初の鉄道である私鉄「総武鉄道」（現JR総武線）が1894（明治27）年12月、江戸川を渡る市川～当駅間を延伸した時【写真❶】に「本所駅」として開業した【写真❷】。由来は区名（本所区本所錦糸町）だが、意味は「本来の居所」や「荘園（貴族や社寺の私有地）

【写真❶】本所～秋葉原間建設への免許状決裁書。新橋・上野方面への乗り入れも目論んでいたようだ＝所蔵：国立公文書館

【写真❷】人力車が見える頃の「本所駅」（1908年頃）＝出典：「新選東京名所六十編・本所区の部」（東陽堂）

【写真❸】ビル駅舎になる前の先代・錦糸町駅（1955年12月）＝出典：「墨田区史」

【写真❹】駅ビルとなり現在の駅舎の原形が完成した（1977年7月25日）＝撮影：田口政典

の実行支配権を有していた者」とのことだ。

　駅は隅田川に近かったため、千葉方面から着いた木材・米などを舟運で東京方面に運ぶ基地だった。鉄道ができたとはいえ、本所～銚子間は4時間20分を要した。が、江戸川・利根川経由の船便に比べれば圧倒的に速かった。駅舎は現駅から西側の現ハローワーク隅田（墨田区江東橋2-19-12）付近にあったが、1907（明治40）年9月に国有化されて「総武線」となった時に現在地へ移設した。

　1911（明治44）年に「本所」を冠（接頭）に付けていた町名から、制度として本所を外すことになった。このため「本所錦糸町」としていた町名から「本所」を取

り、「錦糸町」へ改称された。そこで鉄道院では4年後の1915（大正4）年5月、町名にあわせて「錦糸町駅」【写真❸・❹】と改称する。地名・錦糸町は「1872（明治5）年に士族小邸を合併し、新規に町としたことによる。俗称でこの辺りを『錦糸堀』【写真❺】と呼ばれていたことから名付けられた」（錦糸町商店街HP）という。

　改称は「国道14号上に市電が錦糸堀まで開通した時期と重なるので、こちらを意識したものだろうか」（今尾恵介「消えた駅名」）とも推測する。ちなみに「本所区」は1947（昭和22）年、「向島区」と合併して「墨田区」が成立するまで続いた。

【写真❺】駅名由来の錦糸堀停留場に到着する38系統（砂町線）電車（1972年9月30日）＝撮影：森川尚一

由来は東京と千葉を結ぶ役割の橋名

両国 ← 両国橋

りょうごく　りょうごくばし

JR東日本 総武線

DATA 両国駅←両国橋駅＝1931年10月1日／所在地：東京市本所区本所横網町（現墨田区横網1-3-20）／設置者：総武鉄道／開業日：1904年4月5日

【写真❶】モダンな洋風デザインの初代駅舎（1908年頃）＝出典：「新選東京名所第60編・本所ノ部」（東陽堂）

【写真❷】両国橋駅の開業を伝える新聞＝出典：「朝日新聞」（1904年4月4日）

総武鉄道

◎総武延長線両線の開通

にて計畫せる両國橋東方横網町一丁目より錦糸堀を經て龜井戸に至る高架線の愈々竣功を告げ昨日より開通するとなれば是より總武高架線に連絡するとなり又東錦糸堀、龜井戸を經て兩國橋に至る兩國橋より半町にて尚は交通の便を計り又渡船場を設け此渡船によ藏前に一錢蒸汽の發着所を設け又渡船場を計りし當日雨天なるにも拘らず開通式を舉げたり兩國停車場裏手の門より半町にて御藏橋を架し兩國より半町にて御向院裏手の門より半町御藏橋より半町にて開通し總武高架線に架線に連絡するとなれば是より開通するときなり兩國橋より半町にて開通を近く新設する出なるが同會社にて此開通通視ひとして昨日より七日間賃錢三割引をもも切符を發賣せり

橋梁名から 地名・両国へ変更

房総（現千葉）～東京（武蔵）間の鉄道敷設を計画した私鉄「総武鉄道」（現JR総武線）は1894（明治27）年12月、佐倉（千葉県）から本所（現錦糸町）までを開業させる。が、目の前を流れる隅田川を越えて、東京方面へ乗り入れるには独自に橋を架けなければならず、資金的にも難しい。そこで1904（明治37）年4月、やむなく川手前に、ターミナル駅「両国橋駅」【写真❶】を設置【写真❷】。東京と千葉の両エリアを結ぶ役割を果たしながら、隅田川に架かる大橋梁の「両国橋」【写真❸】から呼称を決定。なお、地名としての両国は俗称として、江戸時代から用いられた。

【写真❸】当時の両国橋で遠くに見えるのが大相撲の国技館＝出典：絵葉書（地図左）

駅舎はターミナル駅にふさわしく、中央棟を囲んで洋風三角屋根を持つ棟を左右に施すなど、木造建築ながらモダンな洋風デザインで建設した。

初代駅舎は関東大震災で失うが1929（昭和4）年12月、現在の鉄筋コンクリー

ト2階建てで、アーチ型の3つの窓や時計をデザインした駅舎を建てる。そして新駅舎竣工から2年後の1931（昭和6）年10月、両国橋の「橋」を取り、周辺地区の地名・両国（本所区東両国）にあわせて「両国駅」【写真❹】と改称した。

当時の当駅の乗降客数は東京周辺の駅の中でも、東京・上野・新宿・横浜・新橋に次ぐ第6位を誇っていたという。だが1932（昭和7）年7月、隅田川を越えて御茶ノ水駅までの直通運転開始に伴って通過駅となり、ターミナル駅としての役割を終えて寂しくなっていく。

【写真❹】100年近くが経つ現両国駅舎の半世紀前の姿（1968年3月9日）＝撮影：田口政典

所在地は中野なのに新宿の地名で開業

東中野 ←柏木
（ひがしなかの）（かしわぎ）

JR東日本 中央線

DATA｜東中野駅←柏木駅＝1917年1月1日／所在地：東京府豊多摩郡中野町大字小瀧（現中野区東中野4-1-12）／設置者：甲武鉄道／開業日：1906年6月14日

移転10年を節目に所在地を名乗る

私鉄「甲武鉄道」（現JR中央線）が、国有化する4カ月前の1906（明治39）年6月に「柏木駅」で開業。名称は字名（豊多摩郡淀橋町大字柏木＝現新宿区）が付けられた【写真❶】。しかし駅の場所を当時の地図で確認すると、駅舎は明らかに神田川（神田上水）の西側の現中野区東中野（当時の豊多摩郡中野町）に所在

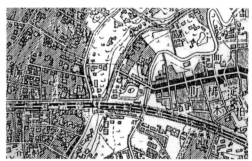

【写真❶・❷】開業時、駅所在地は「中野町」だったが、名称は町境界線の神田川をはさんだ隣地「淀橋町大字柏木」から採られた（地図右）。後に所在地「中野町」の駅名に変更される（地図左）

しているように見える【写真❷】。現中野区にありながら、なぜ隣接する現新宿区の柏木を採用したかの疑問が湧く。

「電車の登場により、駅の新設を求める声が地元から起こりました。明治39年6月、当時の柏木信号所を中野町（現在の架道橋付近）に移設すると同時に駅を造り、『柏木駅』としたのが始まり…」（岸恒夫「東中野今昔ものがたり」要旨）とされる。柏木と施設名が付く信号場が旧新宿地区にあったので、当面はその名前を引く継ぐことにしたようだ。地名・柏木は「柏木右衛門佐頼季なる武者が武蔵権守となり、館を構えたことによる」（角川書店「角川日本地名大辞典」：以下「角川版」という）や「柏の木が繁茂していたから」

（「豊多摩郡誌」）などがある。

1917（大正6）年1月、隣駅・中野駅の東側に所在するところから「東中野駅」（豊多摩郡中野町中野）と改称した【写真❸】。「そろそろ所在地の呼称にしてもよいではないか」との発想で改称できたのではないだろうか。

1923（大正12）年9月に起こった関東大震災後の人口急増により駅が狭くなり1927（昭和2）年5月、新宿～中野間の複々線化を機に踏切西側の中野駅寄りの現在地に駅舎を建設して今日に至る【写真❹・❺】。ちなみに地名・中野は「応永年間に紀州熊野の神官家の鈴木という者が当地を開拓し、中野長者と呼ばれていたから」（角川版）とされる。

【写真❹】移転を機に新築された東中野駅東口（1927年）＝出典：「東中野駅表口落成記念」パンフレット

【写真❺】左側棟の駅舎はリニューアルされ、現在ではコンビニに変わっていた

【写真❸】東中野駅への改称を伝える新聞＝出典：「朝日新聞」（1916年12月5日）

駅の誘致競争で勝利した村名で決まり

武蔵境 ←境
（むさしさかい）（さかい）

JR東日本 中央線

DATA｜武蔵境駅←境駅＝1919年7月1日／所在地：神奈川県北多摩郡境村（現武蔵野市境南町2-1-12）／設置者：甲武鉄道／開業日：1889年4月11日

重複を避けるため武蔵の冠を追加

「私鉄・甲武鉄道」が1889（明治22）年4月、新宿〜立川間に開業した際、中野・国分寺などとともに開設された古い歴史を持つ駅【写真❶】である。村名（北多摩郡境村）が命名の由来だ。

しかし「当初は人家も多く、井の頭弁財天池どの景勝地がある『吉祥寺村』が候補に上がった。だが西側の境村が『田無宿へ一直線の位置にあることや、近くに小金井の桜堤などがあるので、当地区に駅を設置してください。場所は境地区ならどこでもよいので、甲武鉄道に一任します。また境村が駅までの新たな道路を完成させる。駅を造る際に必要な土地はすべて寄付いたします』と好条件を付けて陳情した」（「武蔵野市百年史」要旨）という。そこで競争を勝ち抜いた村

【写真❷】国旗を掲げて改築・改称を祝賀する当駅（1919年頃）＝出典：駅掲出板写真

【写真❸】高度成長になると駅前も賑わいを見せてくる（1982年5月）＝出典：駅掲出板写真

名・境をそのまま採用した。

地名・境は「江戸時代に出雲松江藩の屋敷奉行であった境本稀馬太夫が、幕府の所有する屋敷を貰い受け新田を開発した『境新田』から境村と呼ばれるようになった」（角川版）という。千川上水地と玉川上水が分かれる（境目）地域由来の「境」ともいわれる。

甲武鉄道は1906（明治39）年10月に国有化。当局の指導で「同じ官鉄内に同名駅（奥羽本線「境駅」）があるのは混乱を招く」として、1919（大正8）年7月に旧国名・武蔵を冠して「武蔵境駅」と改称する【写真❷・❸】。同時に奥羽線・境

【写真❶】甲武鉄道（現中央線）の開業時から設置されている駅（1906年）＝出典：駅掲出板写真

14

【写真❹】鉄道開業時には恒例で建てられる緑門が迎える現「武蔵境駅」(南口)

駅も「羽後境駅」と旧国名の駅名に変えている。

現駅は2007(平成19)年6月、高架化を機に南口などを新設したが、明治期に鉄道開業式などの際に祝賀シンボルとして立てられた「緑門」を設置している【写真❹】。

国分寺と立川の中間から付いた統合名

国立（くにたち）← 谷保（やほ）

JR東日本 中央線

DATA 国立駅←谷保信号場＝1926年4月1日／所在地：東京府北多摩郡谷保村谷保新田 (現国立市北1-14-22)／設置者：鉄道省 (箱根土地寄贈)／開業日 (信号所)：1926年3月1日 ◇ (本駅)：1926年4月1日

一般公募によって新駅名を決定へ

当駅は雑木林ばかりのこの地に学園都市を計画した「箱根土地」(現西武グループ)が建設し、鉄道省に寄贈した駅である。

その経緯は箱根土地が東京商科大学(現一橋大学)を誘致する際に、同土地と大学間で結ばれた「覚書」に遡る。覚書の中で「駅舎は大学町にふさわしいものとする」とする一文を大学側が盛り込む。そこで同土地は帝国ホテルを設計した建築家、フランク・ロイド・ライトに師事した河野傳（こうのつとう）に白羽の矢を立てる。河野は直角に近いほど反り上がった三角形の切妻屋根を乗せ、正面に明り取りの半円形大窓、上部には3連縦長の飾り窓を置いて、学園都市らしいアカデミックな雰囲気を漂わせた駅舎をデザインした【写真❶】。

鉄道省では箱根土地からの寄贈を受

【写真❶】名デザイナーが設計した駅舎。駅前はまだ広場となっていて郊外の雰囲気が漂う＝出典：絵葉書

け1926(大正15)年3月、「谷保信号所」として開業する。村名(当時は東京府北多摩郡谷保村)からの命名だが、谷保は「近くの谷保天満宮」「俗語・野暮天」(角川版)にちなむ。

同1926(大正15)年4月に駅へ昇格させる予定の鉄道省は、呼称の決定に難儀する。信号所名の「谷保」は「野暮」(やぼてん)のイメージがあり、「学園都市のイメージにそぐわない」との逸話も残る(南武線には「谷保」駅がある)。名称の決定に

【写真❸】高架化での新駅建設に伴い解体される前の旧駅舎（2001年11月）

【写真❹】人々の要望で新駅の真ん前に旧名駅はよみがえる（2019年11月）

原ッぱの國立驛　中央線

國分寺立川の中間北多摩郡谷保村字谷保新田地先に箱根土地會社の請願によって新設された國立驛は一日より開始された上下十四回の旅客各列車は夜間を除き全部停車するが同所は目下數々こした山林野続きで淋ばくたる奇観を呈して居る

【写真❷】原っぱだった開業時の駅風景を報じる新聞＝出典：「朝日新聞」（1926年4月2日）

ついては「次はぁ…?ハテ、何と呼ぼうか新駅名を」（「一橋新聞」＝大正15年3月15日）のように、一般からも募集した。

　結果「国分寺駅と立川駅の中間駅なので」とする投稿を採用し「国立駅」に決定【写真❷】。とはいえ「両駅の中間からの称呼案は『この地から新しい国が立つ』と

いう願いとも相まって受け入れられたようです」（国立市HP）という。

　開業から四半世紀が経った1951（昭和26）年4月、旧谷保村では町名を駅名にあわせて「国立町」を誕生させる。駅の名前が先にあって、町名が後追いした典型的な例である。開業以来の名駅舎【写真❸】も中央線の高架化によって解体されたが、2020（令和2）年4月に駅南口正面に復元され長く保存されることとなった【写真❹】。

人気観光・高尾山にちなんで改称

高尾 ← 浅川
（たかお）　（あさかわ）

JR東日本 中央線

DATA 高尾駅←浅川駅＝1961年3月20日／所在地：東京府南多摩郡浅川村大字上長房字川原宿付近（現東八王子市高尾町1201-2）／設置者：逓信省鉄道局／開業日：1901年8月1日

名駅舎も解体され移設する計画に

　中央線の東京区間の終点・高尾駅は

1901（明治34）年8月、官鉄・中央東線（現JR中央本線）の八王子駅〜山梨・上野原駅間を開通した時に「浅川駅」【写

【写真❶】山梨方面への延伸を機に開業された浅川駅時代の駅舎（1929年頃）＝提供：八王子市郷土資料館

【写真❷】新宿御苑駅舎の資材で2代目・浅川駅舎。現駅と異なり改札に向かう階段がない＝絵葉書

真❶】として開業した。駅舎は木造平屋建ての小さな駅舎（約90㎡）で、右半分が待合室、左半分が出札所・駅務室だった。浅川は地名（旧南多摩郡浅川村）からの呼称だが、浅川は近隣を流れる多摩川支流の河川名である。

それから半世紀後の1959（昭和34）年4月、浅川町は市町村合併で「八王子市高尾町」と改称。人気観光山・高尾山にちなんでの命名だった。これにあわせて当駅も1961（昭和36）年3月、「高尾駅」と改称された。地名・高尾は「尾とは尾根のことで、高尾とは高い尾根のこと」が通説。

2代目の現駅舎は、大正天皇が崩御さ

れた際に新宿御苑に設置された、大喪列車（ご遺体を運ぶ列車）の始発駅である「新宿御苑駅」（正式名「新宿御苑宮廷臨時停車場」）のヒノキ・ツガなどの高級資材を生かして、1927（昭和2）年12月に御陵の玄関口付近となる現在地に移築させた建物だ【写真❷】。2段重ねの屋根を持つ社殿風の雰囲気を持つ名駅舎で、社寺風で知られる旧国鉄・大社線・大社駅を担当した鉄道省建築課の曽田甚蔵が設計した。

現駅舎【写真❸】は近々、「高尾駅南北自由通路整備」に伴って解体されることになるが、「旧東浅川駅」（御陵への皇室専用駅）の跡地（八王子市東浅川町551＝現東浅川保健福祉センター【写真❹】）へ移築することが決まっている。

【写真❸】解体されることが決まっている名駅といわれる現高尾駅舎

【写真❹】高尾駅が移築保存されることになっている旧東浅川駅跡地

飛行機会社の工場「目の前」から即決

昭島 _{あきしま} ← 昭和前 _{しょうわまえ}

JR東日本 青梅線

DATA 昭島駅←昭和前駅＝1959年10月1日／所在地：東京府北多摩郡昭和村字田中（現東京都昭島市昭和町2-1-10）／設置者：青梅電気鉄道／開業日（仮駅）：1938年1月25日 ◇（本駅）：1938年12月25日

現呼称は「昭和」「拝島」の合成

1938（昭和13）年1月、「青梅電気鉄道」（現JR青梅線）の「昭和前仮停留場」として開業した。「昭和前」と「前」を付加したのは駅ができる前年の1937（昭和12）年6月、桑畑が広がる当駅の目前に「昭和飛行機工業東京製作所」の広大な工場が建つことに遡る。駅は昭和飛行機従業員の専用駅のような役割を果たしていた。

駅開業の10年前、1928（昭和3）年1月に中神村・福島村などの8カ村が合併して「昭和村」が成立。工場名は村名に由来。駅が工場「前」にあったので「昭和前」となった。

開業からほぼ1年を経た1938（昭和13）年12月、駅は中神駅方面に300mほど移設のうえ、本駅への昇格を機に「昭和前駅」として正式に出発。もっとも「呼称案には『昭和飛行駅』もあったが、戦時体制に入ったため、軍事施設や軍需工場だと分かる名称にはしなかったのかもしれない」（「青梅線開通120周年」）という。

1954（昭和29）年5月には市制が敷かれ、合併した昭和町と拝島町のそれぞれ1文字を取って「昭島市」となった。国分寺駅と立川駅の中間の「国立」と同様の合成地名である。駅は市制施行から4年後の1959（昭和34）年10月、市名にあわせて「昭島駅」と改称した【写真❶・❷】。

【写真❶】木造時代の昭島駅舎（1964年4月）＝提供：昭島市教育委員会

【写真❷】正面に箱型のエレベーターホールを持つ現昭島駅

旧駅名の由来となった昭和飛行機工業【写真❸】は、駅前まで広大な用地を有していたが、現在では駅からやや離れた場所（昭島市田中600）で、旅客機の機装品のほか汎用コンテナなどを製造しているという。

【写真❸】駅からやや離れた場所にある現昭和飛行機工業本社

鉄道会社が経営の遊園地名で立ち上げ

石神前（いしがみまえ）←三田村（みたむら）←楽々園（らくらくえん）

JR東日本 青梅線

DATA 石神前駅←三田村駅＝1947年3月1日 ◇三田村駅←楽々園駅＝1944年4月1日／所在地：東京府西多摩郡二俣尾村（現東京都青梅市二俣尾1-351）／設置者：青梅鉄道／開業日：1928年10月13日

現駅名は鎮守の
石神社にちなみ改称

「楽々園駅」は「青梅鉄道」（後の「青梅電気鉄道」、現JR青梅線）が1928（昭和3）年10月、自社が経営していた「楽々園」【写真❶】の入口付近に設置した駅だ。同園は1921（大正10）年5月に開園した牡丹園を発展させた娯楽施設で、ホテルのほかに動物園・テニスコート・釣り堀などがあり、西多摩唯一の遊園地として「一日の清遊に倦（う）くるを知らず」（「青梅鉄道30年史」）ほど賑わったという。

経営は個人（佐久間栄）に任せたが、1927（昭和2）年に交わされた「楽楽園賃貸ニ関スル契約書」には「青梅鉄道は停留所を開設する」の一文があり、青梅鉄道では当契約に基づき駅を設置したよう

【写真❶】娯楽施設がひしめく当時の楽々園で、上方に「楽々園駅」が覗く＝出典：同園パンフレット（部分）

だ。しかし1929（昭和4）年9月に御嶽駅まで延伸させると、楽々園は御嶽神社や登山客に観光客を奪われていく。

戦中の1942（昭和17）年12月に同園は売却され立川飛行機の厚生施設となる。そして戦後、「戦争中に荒廃し、見るかげもなく雑草に覆われていたのを入手すると（中略）、たちまち広潤な庭園を造成した」（「石橋正二郎伝」）として、ブリヂスト

19

【写真❷】旧楽々園は民間会社の施設「奥多摩園」となっていた＝撮影：森川尚一

ンに売られ、現在では「奥多摩園」【写真❷】として研修などに利用されている。

戦中、青梅電鉄が国有化された時には「駅名も娯楽・保養施設の駅名では時代にふさわしくない」とされ、1944（昭和19）年4月、駅所在地の村名（西多摩郡三田村）の「三田村駅」へと改称された。三田村は1889（明治22）年4月、沢井村・二俣尾村・御嶽村などが合併してできた村だが、由来は「地元の三田右衛門五郎朝貞などの三田氏一族」（角川版）のようだ。

終戦後の1947（昭和22）年3月、「①三田村役場は三田村駅の近くにないので間違う人が多かった。②港区の『三田』

と勘違いするケースが多発した」などの理由から「石神前駅」【写真❸】と改称したとされる（「Weekly News西の風」2010年2月5日号要旨）。新呼称の由来は、駅南側の鎮守である「石神社」（青梅市二俣尾1-199【写真❹】）からである。

【写真❸】終戦直後に改称した石神前駅は坂上で乗客を迎える

【写真❹】現駅名の由来ともなっている駅前に建つ石神社

山岳名駅は日原川の転化名でスタート

奥多摩 ←氷川

おくたま　　　　　ひかわ

JR東日本 青梅線

DATA｜奥多摩駅←氷川駅＝1971年2月1日／所在地：東京都西多摩郡氷川町氷川（現東京都奥多摩町氷川210）／設置者：運輸通信省（計画：奥多摩電気鉄道）／開業日：1944年7月1日

奥多摩観光の玄関口をアピール

東京最西端の山間地帯である、御嶽〜当駅間の鉄道敷設は「奥多摩電気鉄道」（現JR青梅線）が計画して着工した

【写真❶】。立川〜青梅間は、1894（明治27）年11月に「青梅鉄道」（1929年5月に「青梅電気鉄道」に改称）が建設（1929年9月に御嶽駅まで延伸開通）していた。

小河内ダム建設や石灰石などの輸送のため、御嶽から先は奥多摩電鉄が敷設を目論む。

しかし戦争真っ只中の1944（昭和19）年4月、国有化する「青梅線」との一体化という国策の中で、未成線ながら同電鉄も国有化。3カ月後の同年7月に立川～氷川間は全通し、終点駅「氷川駅」は開業した。

駅名は地名（旧東京府西多摩郡氷川町）からだが、氷川の由来には「多摩川の上流の日原川（にっぱらがわ）が、ひかわに転化した」や「古社・神明氷川神社にちなむ」など諸説がある。

2階建ての駅舎は資金も労働力も乏しい戦時中にも関わらず、地場木材をふんだんに使って山小屋（ロッジ）風にし、丸窓のアクセントなどで気品を漂わせた名駅として完成させた【写真❷】。デザインは「駅舎を設計したのは社内の技師とも伝えられている。このように凝った駅舎の完成はおそらく、私鉄経営者が戦後を見据えてこの駅舎を置き土産にしたのであろう」（杉崎行恭「あの駅の姿には、わけがある」要旨）とされる。

駅開業後10年ほどが経った1955（昭和30）年4月、「氷川町・古里村・小河内村が合併して奥多摩町が誕生すると1971（昭和

御嶽氷川間に鐵道

市が百萬圓無利子で貸與

小河内貯水池の御嶽堰材敷設のため東京市では奥多摩電鐵株式會社に對し御嶽、氷川間鐵道敷設助成として百萬圓を貸與するととに決定。来る廿四日の市賣に上程する

るのでこの計畫に決つたものらしく六分以上の配當ある場合は四分とし六分未滿の場合は廿五ヶ年間無利子、借款總額株を廿五ヶ年間無利子、

今後二ヶ月以内に着手、満二ヶ年以内に敷設開始のこと、返済期間中は市社材敷設費全二億五分割と二里の利子を支拂ふこと、工事は

御嶽、氷川間の資材輸送は現在トラックによつてゐるが、今後助成設と天然同様の費用がかゝ

すること などである。

【写真❷】＝開業時の氷川駅舎の外壁は地場産の木材で貼られた＝提供：奥多摩町

46)年2月、『奥多摩駅』と改称された【写真❸】。町名にあわせたことと奥多摩観光の玄関口を込めた改称であった」(「青梅線開通120年」要旨)とされる。

駅舎の老朽化などによって2019(平成31)年4月、ハーフテンバー壁(組んだ木材が露出する壁)にするなどのリニューアルを施して今日に引き継がれている。都内で最も高い位置(343m)にある駅である【写真❹】。

【写真❹】白壁を生かしたハーフテンバーに改修した現在の駅舎

五日市線の一部など三線廃止

国鉄は十九日、五日市線の一部など三線の営業廃止を決定し、運輸大臣に許可を申請、また青梅線「氷川」を「奥多摩」にするなど四線四駅の駅名改定を次の通り決めた。

◇旅客営業廃止＝▽五日市線・武蔵五日市—武蔵岩井間(東京都西多摩郡)二月一日から＝五日市線は青梅線拝島駅から分かれ、武蔵五日市から大久野を経て終点の武蔵岩井に至る十三・八㌔。武蔵五日市から武蔵岩井までの二・七㌔はセメント工場の物資輸送が主で、乗客は一日平均普通客十八人、定期客二百四十人という実態。このため、貨物営業だけを残し、旅客は阿線に並行する私バスに振り替えられる。

◇駅名変更＝▽青梅線・氷川を「奥多摩」に(都下西多摩郡)▽山陰本線・石見大田を「大田市」に(島根県大田市)▽八戸線・八戸を「本八戸」に(青森県八戸市)同▽東北本線・尻内を「八戸」に(同市)四月一日から。

【写真❸】奥多摩駅への改称などを報じる新聞＝出典:「読売新聞」(1971年1月20日)

市・町名は変わるも、旧市名にこだわり

秋川 ←西秋留

JR東日本 五日市線

DATA｜秋川駅←西秋留駅＝1987年3月31日／所在地:東京都西多摩郡西秋留村(現東京都あきる野市油平49)／設置者:五日市鉄道／開業日:1925年4月21日

「秋留」と「阿伎留」で町名論争

1925(大正14)年4月、拝島〜五日市(現武蔵五日市)間を開業した「五日市鉄道」(現JR五日市線)が開設。当初は「西秋留駅」【写真❶】を名乗った。駅名由来は村名(西多摩郡西秋留村)からで、秋留は「鎮守・秋留神社」や「神社旧称・畔切」【写真❷】が由来(市教委「郷土あれこれ」)。

【写真❶】ガソリンカーが走っていた頃の
西秋留駅＝出典：「東京府史」、三村章
「昭島消えた五つの鉄道」から転載

【写真❷】旧西秋留駅の駅名由来ともされる阿伎留神社

　1955（昭和30）年4月には西秋留・東秋留・多西の各村は合併し「秋多町」を発足。1972（昭和47）年5月には、市制施行で「秋多市」となる。秋多は「秋留・多西村」の合成市名である。この時は呼称の変更はなく、西秋留駅【写真❸】を継続して使用した。

　秋多市は1972（昭和47）年5月、新たな市制施行当日に「秋川市」と改称する（同日市名改称には、久留米市→東久留米市、村山市→武蔵村山市などがある）。市内最大、かつ市役所最寄り駅でもあった当駅は、1987（昭和62）年3月、市の名称に同調して「秋川駅」【写真❹】と改称。なお隣駅の「東秋留駅」はそのまま

で今日に至っている。

　さらに秋川市は1995（平成7）年9月、隣の五日市町と合併し「あきる野市」と市名を変更。あきる野の市名候補については「旧秋川市が推す『秋留』（旧町名）と、旧五日市町が推す『阿伎留』（阿伎留神社等）で二分した。が、親しみやすさなどを考慮し、ひらがなの『あきる』の末尾に武蔵野の西の平野という意味の『野』を加え『あきる野』にした」（あきる野市HP要旨）とされる。ただ定着した秋川駅の呼称については、「あきる野駅に改称する動きはなかった」（同市「合併の記録」）ようだ。

【写真❸】木造の旧西秋留駅時
代の駅舎＝提供：五日市郷土館

【写真❹】西秋留から改称した現秋川駅
だが新市名・あきる野へは改称しなかった

武蔵引田（むさしひきだ）←病院前（びょういんまえ）

JR東日本 五日市線

DATA　武蔵引田駅←病院前駅＝1944年4月1日／所在地：東京都西多摩郡西秋留村字引田小字阿伎留（現あきる野市引田16）／設置者：五日市鉄道／開業日：1930年4月4日

私鉄の国有化を機に名称を変更

「五日市鉄道」が1930（昭和5）年4月、立川～拝島～五日市（現武蔵五日市）間を敷設した際に設置した中間駅で、「病院前停留場」（転轍機などのない駅の呼称）が駅名であった。停留場名は1925（大正14）年4月、「西秋留村外四カ村病院組合」（現阿伎留病院企業団）として開設した公立病院（現公立阿伎留医療センター）が、駅の北口目前（西秋留村引田字阿伎野13番地）にあったことに由来する。開業時の同病院は単独伝染病院で、21床（現約300床）を有していたという【写真❶】。

10年後の1940（昭和15）年10月に停留場は、五日市鉄道が「南武鉄道」（現JR南武線）との合併によって駅機能を持ったので「病院前駅」と改称する。

戦中の1944（昭和19）年4月、南武鉄道が国有化されたのを機に字名（西多摩郡西秋留村字引田）を付けることにする。

【写真❶】旧駅名が示す通り駅前からすぐの現「公立阿伎留医療センター」

【写真❷】木造時代の当駅で駅前には自転車が目立つ＝提供：五日市郷土館

【写真❸】静かな場所に建つ現在の武蔵引田駅はローカル線の駅らしい雰囲気を持つ

しかし省線（現JR）・高徳線（四国）に1928（昭和3）年開業の「引田駅（ひけた）」の同名駅があったので、旧国名・武蔵の冠を載せて「武蔵引田駅」とした【写真❷・❸】。地名・引田は「秋川に面した旧集落の人たちが開拓した土地であろうと思われます」（武蔵野郷土史刊行会「多摩駅名の由来」）とあるので、地元に造成した田んぼの意味と関係あるのだろう。

明治天皇ゆかりの施設名も経て現在へ

南多摩 ←多摩聖蹟口←大丸

JR東日本 南武線

DATA 南多摩駅←多摩聖蹟口駅・南多摩川貨物駅＝1939年9月14日 ◇多摩聖蹟口駅←大丸駅＝1931年／設置者：南武鉄道／所在地：東京府南多摩郡稲城村字大丸（現稲城市大丸1043）／開業日：1927年11月11日

多摩川の南に所在する駅の意味

　「南武鉄道」（現JR南武線）が1927（昭和2）年11月、登戸駅から当駅まで延伸した際に開業した駅で、「大丸駅」と命名。当地の字名（東京府南多摩郡稲城村字大丸）から取っている。大丸は「大円村と称していたが、いつの間にか大丸村になった」（角川版）とされ、他の文献でもあいまいな記述が多い。南武鉄道は多摩川の砂利輸送を目的として起業したが、後には多摩地方の石灰石を川崎に運ぶための鉄道へと衣替えしている。

　1931（昭和6）年には、前年秋に開館された聖蹟記念館にちなみ「多摩聖蹟口駅」と改称。その経緯には「『多摩』は多摩丘陵のことです。『聖蹟』とは明治天皇が度々兎狩りを楽しんだゆかりの地を意味します。要するに明治天皇が行幸され、兎狩りを楽しんだ多摩丘陵の入口にある駅ということです」（「多摩の駅名の由来」）との逸話がある。

　1934（昭和9）年10月には当駅から300mほど北側（立川寄り）に、東京競馬場建設のための砂利輸送の貨物駅「南多摩川駅」を開設する。5年後の1939（昭和14）年9月にはやや川崎側の現在

地に移転するが、移転と同時に多摩聖蹟口駅（廃止とも＝稲城市教委「南武鉄道と南武線」）と合併し、「南多摩駅」【写真❶・❷・❸】と改称した。「南」を付けたのは多摩川の南側に所在するという意味である。

【写真❶】木造時代の「南多摩駅」（1958年9月）＝提供：稲城市教育委員会

【写真❷】改築前の南多摩駅（1985年5月）＝提供：西崎さいき

【写真❸】多摩聖蹟口駅と統合された南多摩駅は高架化にあわせて立派な駅となった

日本橋 ←江戸橋

にほんばし　　えどばし

都営交通（地下鉄）浅草線

DATA 日本橋駅←江戸橋駅＝1989年3月19日／所在地：中央区日本橋2丁目（現中央区日本橋1-13-1）／設置者：東京都交通局／開業日：1963年2月28日

都営地下鉄
下図太線区間内の1駅ゆき
大門　　江戸橋　　浅草
発売当日□□有効　　30円

【写真❶】珍しい「江戸橋駅」時代の硬券きっぷで1区間が30円だった（1969年11月）

イメージ度の高さから日本橋を選択

　1960（昭和35）年12月に震災復活事業の一環として、都営地下鉄初の「1号線」（後の「浅草線」）が開通する。3年後の1963（昭和38）年2月に人形町〜東銀座間が開業するが、その時に日本橋のすぐ東隣に架かる橋の名前から取って「江戸橋駅」【写真❶】は開業した。江戸橋【写真❷】は江戸の頃から架かっていて、近くの日本橋との間には有名な魚河岸があった。町名・江戸橋は1928（昭和3）年〜1972（昭和47）年の間に存在した地名だが、1947（昭和22）年5月の中央

【写真❷】半世紀前の江戸橋で高速道路が見える（1976年10月12日）＝撮影：田口政典

区誕生時に、旧日本橋区域の町名はすべて「日本橋」を冠することが決まる。しかし当江戸橋区域は「日本橋」の冠を付けていない（「中央区日本橋江戸橋」では語呂の悪いからだろうか）。

　開業と同時に当駅は、道路をひとつ隔てた200m先の営団地下鉄（現東京メトロ）の銀座線・日本橋駅と連絡運輸（運賃精算の一貫化）を始める。そして3年後の1967（昭和42）年9月に営団地下鉄・東西線の日本橋駅が新設されると、当駅と営団・日本橋駅が地下通路で結ばれる。乗換駅となったものの、名称変更はなかった。

　だが、1989（平成元）年3月に都営地下鉄・新宿線が延伸開業すると、「実質的に同じ駅なのに、名称が異なることによる混乱を避けるため」、都営・江戸橋駅は営団線駅にあわせて「日本橋駅」【写真❸】へ統合し、改称した。

　その理由として「約20年間は異なる駅名の乗換駅であり続けたが、（浅草線を間にして相互乗り入れしている）京急・京成ともに（江戸橋駅よりも）『日本橋駅まで直通』なら印象もよく、地下鉄網としても分かりやすいため改称に至ったのだろう」（今尾恵介「消えた駅名」要旨）と推測す

【写真❸】「江戸橋駅」を統合した営団地下鉄時代の「日本橋駅」（1992年10月23日）＝撮影：田口政典

る。ちなみに浅草線・日本橋駅と東京メトロ東西線・茅場町駅は、地下通路で繋がっているが、別名を名乗っている。都営地下鉄の駅名変更は、三田線の「志村駅」が「高島平駅」（27頁参照）と改称した2駅のみだ。余談だが、近鉄名古屋線に現在「江戸橋駅」（三重県津市）が存在する。

「志村とは無関係」の声に押され見直し

高島平 ←志村
（たかしまだいら）　　（しむら）

都営交通（地下鉄）三田線

DATA 高島平駅←志村駅＝1969年8月1日／所在地：板橋区徳丸本町（現板橋区高島平8-2-1）／設置者：東京都交通局／開業日：1968年12月27日

巨大団地ができて「現町名」駅へ

　人口の都市集中に伴う住宅確保のため、東京各地に巨大な集合住宅が建てられていく。板橋区でも田んぼなどの農地跡に巨大・高島平団地ができることとなり、居住者の輸送対策として都営地下鉄6号線（現三田線）が建設されることになった。

　地下鉄は1968（昭和43）年12月、団地建設予定地に「志村駅」【写真❶】を開業する。東京都としては1966（昭和41）年5月に廃止された「都電・志村線の代替路線」の思いからの命名だろうか。しかし「志村」は現三田線・志村坂上付近の中山道沿いの地名で、団地が建つ場所とも縁が薄かった。

【写真❶】志村駅開業時には駅前の団地は未完成で空き地が広がる（1969年2月）＝提供：板橋区公文書館

　そこで板橋区などは開業以前から、「『志村駅』は、昔もいまも志村とは無関係というのが区の考え。地元民も同意見。当時の板橋区長、同地区住民代表との懇談会の席上でも『変更に努力してほしい』と注文が付けられた」（「朝日新聞」1968年10月25日付要旨）として、区は文書で都交通局に申し出る。これに対し

志村じゃないのに「志村駅」

12月開業の都営地下鉄6号線

【写真❸】開業時代の駅舎（左側）。駅前の赤塚公園の緑も深い（1992年4月28日）＝撮影：田口政典

"ピンボケ"と批判の声

板橋区の申入れ通らず

【写真❷】「駅がある場所は志村ではない」と報じた新聞＝出典：「朝日新聞」（1968年10月25日付）

「高速電車建設本部が既に決めた駅名だ」（同紙）といったんは拒む【写真❷】。

区では志村線開業の翌1969（昭和44）年3月の住居表示に伴い、当地に「高

島平」の町名を付けた。高島平の町名は「この地で初めて洋式火砲を試した江戸時代の砲術家・高島秋帆と当地の広大平地」にちなむ。

人名を採用した例としては、在原業平の東武鉄道「とうきょうスカイツリー駅」の旧名「業平橋駅」（35頁参照）などがある。

そこで都交通局では同線の志村坂上駅や志村三丁目駅との混乱を避ける狙いもあって同1969（昭和44）年8月、町名にあわせて「高島平駅」【写真❸】と改称した。

「神宮」の冠を異なる路線にプレゼント

表参道 ←神宮前←青山六丁目

東京メトロ 銀座線

DATA　表参道駅←神宮前駅＝1972年10月20日　◇神宮前←青山六丁目駅＝1939年9月16日／所在地：東京市赤坂区青山北町6丁目（現港区北青山3-6-12）／設置者：東京高速鉄道／開業日：1938年11月18日

「青山北」「青山南」の両名を検討

地下鉄への参入を目論む「東京高速鉄道」（現東京メトロ銀座線）が1938（昭和

13）年11月、当駅から虎ノ門へ乗り入れた時に「青山六丁目駅」として設置した。称呼の由来は町名。当時は青山北町6丁目と青山南町6丁目があり、「どちらの

28

町名も付けにくいし、そこまで（南北名を入れるほど）正確を期することもない」（夢の設計社「駅名から日本地図を旅する本」）として青山六丁目駅にしたという。

地名・青山は徳川家康の重臣・青山忠成の下屋敷が、この地にあったことに由来する。東京高速鉄道は渋谷〜当駅〜新橋間を敷設し、浅草〜新橋間を運行する「東京地下鉄道」と「新橋駅」での相互乗り入れで激しい現銀座線の攻防戦を展開した。この攻防は後に「地下鉄戦争」と表現される。

しかし隣駅などに「青山一丁目駅」や「青山三丁目駅」（現外苑前）など、「青山が付く名称」があって、紛らわしかった。そこで知名度の高い明治神宮（実際の所在地は渋谷区）が近いことから、渋谷〜浅草間の直通運転を始めた直後の1939（昭和14）年9月、開業1カ月足らずで「神宮前駅」【写真❶】に改称。とはいえ、当駅から明治神宮までの距離は900m、徒歩で12分ほどを要した。

改称から30年ほどが経った1972（昭和47）年10月、北千住方面から南下してきた営団地下鉄・千代田線が開業し、明治神宮のごく近くに「明治神宮前駅」を設置。これを受けて当神宮前駅は、千代田線・明治神宮前駅との混乱を避けるため「表参道駅」【写真❷】と改称した。表参道【写真❸】とは「明治神宮に参拝するうえで最も重要な道」の意味で、1920（大正9）年11月の明治神宮鎮座祭にあわせて建設された道路である。

ちなみに1978（昭和53）年10月の半蔵門線開業の際には、当駅は同線と乗り換えの利便を図って約180m新橋側の現在地に移転している。

【写真❷】営団時代の表参道駅で「S」（サブウェイ）のマークが懐かしい（2000年）＝提供：地下鉄博物館

【写真❸】現駅名由来の表参道は若者にも人気の街でおしゃれな店が数多く並んでいる

【写真❶】旧「神宮前駅」の駅名標を「表参道駅」に掛け替える職員（1972年）＝提供：地下鉄博物館

銀座 ←西銀座

東京メトロ 銀座線

DATA | 銀座駅←西銀座駅＝1964年8月29日／所在地：中央区銀座西4-1付近（現中央区銀座4-1-2）／設置者：帝都
高速度交通営団／開業日：1957年12月15日

【写真❶】西銀座駅時代の出入口で後ろには旧日本劇場が見える
（1957年）＝出典：帝都高速度交通営団「丸ノ内線建設史」

【写真❷】「西銀座行き」の案内板が掛かる東京駅丸ノ内線ホーム＝出典：絵葉書

歌謡曲にも歌われた「西銀座駅」

　1957（昭和32）年の暮れ、「営団地下鉄」（帝都高速度交通営団）が、池袋から銀座まで延伸させた「丸ノ内線」の終点駅で開設。呼称は「西銀座駅」【写真❶】とした。その由来は「中央区銀座西」で、国鉄東海道線・有楽町駅にほど近く、数寄屋橋交差点付近に位置し、人々の待ちあわせなどに多く使われた。「♪今夜も刺激が欲しくって…」と歌う「西銀座駅前」（歌：フランク永井）の大ヒット曲【写真❸】もあって、東京名物の有名駅となっていく。

　駅の東側、銀座4丁目の服部時計店近くには銀座線の「銀座駅」があったため、銀座の地下鉄【写真❷】には「銀座駅」「西銀座駅」の、類似する名前の2駅が存在していた。

　しかし1964（昭和39）年8

月、銀座線と丸ノ内線をくぐって東西に結ぶ日比谷線の部分開通を機に、3つの路線の各駅を結ぶ形の一体構造の駅にした。そこで類似駅名の混乱を避けるため、西銀座駅を「銀座駅」に改称（一時は混乱を避けるため、「銀座総合駅」【写真❹】の呼び方をする時もあった＝青木栄一「東京の地下鉄がわかる事典」）。それでも銀座線と丸ノ内線の両銀座駅間は、結構な距離・時間を歩かなければならない。もっとも1968（昭和43）年の住居表示では「銀座西」「銀座東」はすべて「銀座」に統合されている。

　ちなみに現在でも「西銀座」の旧名称を偲ばせる、外堀通りの愛称「西銀座通り」やショッピングモールの「NISHIGINZA」【写真❺】は健在である。ところで銀座の

地名は「1612（慶長17）年に駿府・銀座を江戸に移し、座人の居宅と鋳造所に京橋南の4町が与えられたこと」（角川版）が由来とされる。

地下鉄日比谷線が全通
営業は今月29日から
銀座総合駅もお目見え

【写真❹】西銀座駅を統合して「銀座駅」に改称することを報じる新聞記事＝出典：「朝日新聞」（1964年8月5日）

【写真❸】歌謡曲の大ヒットで映画化もされた「西銀座駅前」のポスター

【写真❺】ショッピングモール「NISHIGINNZA」で「西銀座」の旧駅名は残る

多い都電荒川線の改称駅名（停留場名）

かつては網の目のように走っていた東京都電だが、約半世紀前に次々と姿を消し、現在では三ノ輪橋〜早稲田間を走る「荒川線」だけが残っている。同路線は1911（明治44）年8月、私鉄の「王子電気軌道」で産声を上げた軌道線だ。

同線の開業時の停留場名には他の鉄道と同じように、身近な町名や字名が圧倒的に多い。しかしそこは私鉄である。乗降客を増やすために自社経営の遊園地名を付けた「遊園地前」（現「荒川遊園地前」）や、神社仏閣（「熊野前」など）、観光地（「飛鳥山」など）からの停留場名が目立つ。中には民営の葬祭場から採った「博善社前」【写真❶】の名も見える。

その後に国鉄などとの混乱を避けるため、自社名の「王電」（「王子電気軌道」の略称）を冠に付けた時期（王電王子など）も経験する。

だが1942（昭和17）年2月に王子電軌が東京市営に移ると、公共的な停留場名に改称する見直しが始まる。旧王電経営の「遊園前」（旧「遊園地前」）は「尾久六丁目」と町名に改称させる（遊園地が荒川区の運営になると「荒川遊園地」へ改称）。民間葬祭場が由来の「博善社前」もあっさり、町名の「三河島八丁目」

【写真❶】私鉄での開業で民間葬祭場にちなむ停留場（博善社前）名も採用された（1936年）＝出典：「荒川区史」

と替えられている。いっぽう公共施設の停留場名化も進める。「三河島二丁目」は「荒川区役所前」【写真❷】になり、「船方前」【写真❸】は市交通局の「荒川車庫前」と一変させた。

現在も走る軌道線では「東急世田谷線」（巻末駅名一覧）があるが、東京市電（都電）に移管された「城東電気軌道」（都電小松川線など）や「西武軌道」（都電杉並線）など、経営者の変更に伴う停車場名（駅名）の改称経緯も興味深い。

【写真❷】東京市電の経営となって公共施設の停留場名となった現「荒川区役所前」（現在）

【写真❸】王子電気軌道の車庫である「船方前」は市電への移行で「荒川車庫前」と改称された＝出典：「王子電気軌道30年史」

第2章

東武鉄道・京成電鉄・西武鉄道

大学誘致を目論んで「東大泉駅」を経て「大泉学園駅」と改称したが目的を果たせなかった。駅名は引き続き使用し、アカデミックなイメージで成功しているようだ。開業時の「東大泉駅」(左)と重厚な「旧大泉学園駅」

SLで開業の鉄道会社名が特徴の駅名

当章からは完全な私鉄(私設鉄道)として開業した鉄道に入る。このため駅名は地名を基本としながらも、乗降客目線に立って弾力的に改称へ踏み切っている。

特に時代の経緯とともに、観光地である浅草や日光などへの集客を目的とした「東武鉄道」の駅名改称は幾度となく行われる。東京側の繁華街・浅草への集客目的では、隅田川越えに苦心したこともありこだわりを見せる。駅名・浅草では「浅草雷門駅→浅草駅」(伊勢崎線=34頁参照)があり、「吾妻橋駅→浅草駅→業平橋駅→とうきょうスカイツリー駅」(同線=35頁参照)などは4回にもわたる改称をたどる。まさに乗客確保を目論んだ、私鉄らしい王道での改称である。

「京成電鉄」も成田山新勝寺(千葉県)への参詣客と、主として浅草(後に上野)などといった観光地への輸送を目的に起業された鉄道だ。そこで東京側の「上野公園駅→京成上野駅」(本線)や「曲金駅→京成高砂駅」(同線=39頁参照)、千葉側では「成田花咲駅→京成成田駅」(同線)など、駅の印象を高めるための改称も行われている。

「西武鉄道」(旧武蔵野鉄道など)も私鉄らしく駅名改称は、集客増加を目的に頻繁に行われる。その主なものは強い経営者の意向を受けた改称である。大学誘致を目論んでの「東大泉駅→大泉学園駅」(池袋線=44頁参照)の改称はその好例である。片や「多磨墓地前駅→多磨駅」(多摩川線=56頁参照)と京王電鉄の「多磨駅→市公園墓地前駅→多磨霊園駅」(76頁参照)との攻防も歴史的には興味深い。

ところで当章には「鉄道」の社名を持つ「東武鉄道と西武鉄道」がある。これは「電鉄」と社名が付く京成電鉄などと違い、蒸気機関車(SL)で起業した鉄道を意味する。短距離で次々との停車がしにくいため、駅間隔は遠距離で設置されており、地名以外での改称が多くないのはこうした事情もある。

繁昌地への乗り入れで工夫の複合駅名

浅草 ←浅草雷門
（あさくさ）（あさくさかみなりもん）

東武鉄道 伊勢崎線

DATA 浅草駅←浅草雷門駅＝1945年10月1日／所在地：東京府東京市浅草区浅草花川戸町（現台東区花川戸1-4-1）
／設置者：東武鉄道／開業日：1931年5月25日

終戦時に「広域的な駅名」へ改称

　1899（明治32）年8月に北千住～久喜（埼玉県）間で路線開業した「東武鉄道」は都心への延伸をめざした。そして1931（昭和6）年5月、浅草駅を改称した業平橋駅（現とうきょうスカイツリー駅）から隅田川を越えて、念願の浅草への乗り入れを果たす。

　あわせて地上7階・地下1階、高さ37m、腰回りに大理石や花崗岩を施したネオ・ルネサンススタイルの重厚な鉄筋コンクリート造りの駅ビル（東武浅草ビル）を建設した。大規模駅ビル誕生には社長・根津嘉一郎の一声「繁華街・浅草の象徴となるような豪華な立派な駅ビルを建てろ」（大石学「駅名で読む江戸・東京」）

【写真❶】開業時の「浅草雷門駅」は近代的なターミナル駅であった＝出典：「写真で見る東武鉄道80年」

【写真❷】「浅草雷門駅開通」を祝う仲見世入口の祝賀ゲート＝出典：「写真で見る東武鉄道80年」

が大きく影響している。

　「隅田川沿いに細長くそびえる同ビルは、対岸から巨大な船が川に浮かんでいるように見え、電車の出発・到着は航空母艦を発着する航空機にも例えられた」（「東武鉄道百年史」要旨）というほど、周辺を驚かせたようだ。

　そして同ビルの2階部分にターミナル駅「浅草雷門駅」【写真❶】を開設。当時から賑わう繁華街「浅草」と、シンボル的観光地「雷門」を加えた合成名とした【写真❷】。浅草は「草深い武蔵野の中にあってあまり茂っていないところ」（東武鉄道HP）が由来で、雷門は浅草寺の山門の名称。もっとも駅所在地・花川戸町は1934（昭和9）年に「浅草雷門」の町名に変わるが、1965（昭和40）年の住居表示制度で「花川戸」へ戻っている。

　1945（昭和20）年3月、東京大空襲で被害を受けたが、終戦直後の同年10月

34

【写真❹】東京スカイツリーの開業を機に覆ったアルミカバーを撤去して開業時の姿をよみがえらせた現駅舎

【写真❸】劣化したビルの外装をアルミ製のカバー材で覆ってリニューアルした旧駅舎（1978年4月8日）＝撮影：田口政典

にはビルを復旧。あわせて、限定的なイメージを持つ「雷門」を外し「浅草駅」と改称した。

　駅舎は1974（昭和49）年の改装でアルミ製壁を覆い、開業時の趣は失われた【写真❸】。しかし2012（平成24）年5月、東京スカイツリー開業にあわせて復元を果たし、重厚な姿がよみがえった【写真❹】。

橋梁名から新東京名物のシンボル名に

とうきょうスカイツリー

←業平橋 ←浅草
なりひらばし あさくさ
←吾妻橋
あづまばし

東武鉄道 伊勢崎線

DATA とうきょうスカイツリー駅←業平橋駅＝2012年3月17日 ◇業平橋駅←浅草駅＝1931年5月25日 ◇浅草駅←吾妻橋駅＝1910年3月1日／所在地：東京府東京市本所区本所中（現墨田区押上1-1-4）／設置者：東武鉄道／開業日：1902年4月1日

東京名所の電波塔の完成で現呼称へ

　呼称変更を繰り返す駅である。「東武鉄道」が都心乗り入れをめざして、北千住駅〜久喜駅間を開業してから3年後の1902（明治35）年4月、「吾妻橋線」新設時の終着地の「吾妻橋駅」でスタートした。「吾妻橋」は隅田川に架かる橋梁・吾妻橋【写真❶】が由来。当時は「新橋」（東海道線）や「両国橋」（総武鉄道線）、

【写真❶】初代駅名の由来となった当時の「吾妻橋」＝出典：絵葉書

「水道橋」（甲武鉄道線）のように、橋梁名の採用は多々見られた。

2年後の1904（明治37）年4月に曳舟駅〜亀戸駅間の「亀戸線」が「本線」として開通すると、盲腸線の当駅方面を経由せずに、曳舟駅から一気に総武鉄道（現JR総武線）・両国橋駅（現両国駅）まで乗り入れる。すると曳舟〜当駅間の盲腸線は不要となり、同日付でいったん廃止される。

ところが1908（明治41）年3月、曳舟駅〜当駅間が貨物線として新たに開業（東武鉄道HPでは当駅の開業を1902年としているので継続駅扱いとした）すると当駅は復活。1910（明治43）年3月には「浅草駅」【写真❷】と改称して旅客営業を再開するが、駅舎は関東大震災によっ

【写真❷】吾妻橋駅から改称し、電化した頃の浅草駅（1924年）＝出典：「写真で見る東武鉄道80年」

【写真❹】浅草駅から改称した「業平橋駅」時代の高架下駅舎（2008年5月）

【写真❸】業平橋駅への改称を報じる新聞記事＝出典：「朝日新聞」（1931年5月26日）

【写真❺】「とうきょうスカイツリー駅」と改称した当駅は、東京の新たな観光スポットの下車駅として賑わう

【写真❻】東京の人気スポットとなった「東京スカイツリー」を背に走る東武電車

て焼失してしまう。新駅舎は本社を兼ねた2階建てで、浅草の玄関口駅として位置付けた。

1931（昭和6）年5月に隅田川を越えた当駅〜浅草雷門駅間（浅草花川戸線）が延伸・開業すると、「浅草」を「浅草雷門駅（現浅草駅）」に譲り、地名（当時浅草区業平橋）の「業平橋駅」【写真❸・❹】へ改称する。業平橋は平安時代の歌人・在原業平にちなむ。業平が東国に旅をした時にこの付近で亡くなった（諸説）ため、駅の東側一帯が業平橋の地名となった。近くにはセメント工場などがあり、貨物線のターミナル駅の役割も長く果たした。

しかし役割を終えた広大な貨物基地の跡地に、東京のシンボルとなる電波塔・東京スカイツリーを建設すると、2012（平成24）年3月には呼称も「とうきょうスカイツリー駅」【写真❺】と変更。その後は特急も停車し、今日でも多くの観光客で賑わう【写真❻】。

「愛妾」にちなむ地名から付いた珍名称

東向島 ←玉ノ井←白鬚
（ひがしむこうじま）（たまのい）（しらひげ）

東武鉄道 伊勢崎線

DATA 東向島駅←玉ノ井駅＝1987年12月21日（復活）◇玉ノ井駅←白鬚駅＝1924年10月1日／所在地：東京府東京市本所区寺島村（現墨田区東向島4-29-7）／設置者：東武鉄道／開業日：1902年4月1日

住民要望の「玉ノ井」は復活ならず

　「東武鉄道」が1902（明治35）年4月、北千住駅から吾妻橋駅（現とうきょうスカイツリー駅）まで延伸した際に「白鬚駅」として開業した途中駅。称呼由来は隅田川に架かる白鬚橋【写真❶】である。1905（明治38）年7月に休止し、3年後の1908（明治41）年4月に廃止している（東武鉄道は当駅を白鬚駅開業の1902年としているので継続・改称駅とした）。

　1924（大正13）年10月、花街・玉ノ井の進出によって賑わいを見せたことから「玉ノ井

【写真❸】高架下になって開業していた時代の旧玉ノ井駅（1977年9月）＝撮影：田口政典

【写真❶】白「髭」（くちひげの意）と誤記されることがあるが、正しい表記は白「鬚」（あごひげの意）

【写真❷】「白鬚駅」から呼称変更。復活した「玉ノ井駅」時代の当駅（1957年頃）＝出典：『写真で見る東武鉄道80年』

駅」【写真❷】として復活し営業を再開する。地名・玉ノ井は「悪代官がこの地に囲っていた愛妾の名と伝えられる」（東武鉄道HP）という。しかし戦時の娯楽御法度に伴い、不要不急駅とされ、1945（昭和20）年5月に休止となる。

　終戦後の1949（昭和24）年10月に「玉ノ井駅」【写真❸】は復活。だが、地名は1965（昭和40）年の住居表示の施行で東向島に変更された。そこで1987（昭和62）年12月、新町名にちなんで、現在の「東向島駅」【写真❹】に改称する。向

【写真❹】「東向島駅」と改称された現駅で、高架下には新たに東武博物館が入った

島は「浅草から見て、隅田川の向こう側にある町」を指す。

東武鉄道が1989（平成元）年5月、当駅高架下に東武博物館を併設する際、地元からは玉ノ井駅の復活・改称を申し入れたが、その願いは叶わなかった。「玉ノ井駅名変更を荷風とともに嘆く」（読売新聞投書欄要旨）などの要望もあり、現・東向島駅の駅名標には、いまでも「東向島駅（旧玉ノ井）」と玉ノ井の表示が併記して掲げられている【写真❺】。

「京成電気軌道」（現京成電鉄）でも1928（昭和3）年4月に「白鬚線」（向島～白鬚間＝1936年廃線）を開業した際、東武鉄道・玉ノ井駅との交差地点に「京成玉ノ井駅」を設けたが利用者が少なく、1936（昭和11）年2月に8年間で路線そのものを廃止している。

【写真❺】東武博物館の開業にあわせるように「東向島」へと改称したが、旧「玉ノ井」は駅看板に残した（2019年8月）

高級住宅地のイメージをそっくり拝借

ときわ台 ←武蔵常盤
（だいむさしときわ）

東武鉄道 東上線

DATA ときわ台駅←武蔵常盤駅＝1951年10月1日／所在地：板橋区常盤台1（現板橋区南常盤台1-43-1）／設置者：東武鉄道／開業日：1935年10月20日

他路線を配慮して「武蔵」の冠

東武鉄道が1935（昭和10）年、大規模な分譲住宅地【写真❶】の建設・販売を機に開設した駅。自社用地販売を目的とした追加駅のため、隣駅・中板橋との距離は700mとなり、東上線内では2番目に短い駅間だ。

名称を「武蔵常盤駅」【写真❷】とした

【写真❶】計画線跡地を活用して分譲した「常盤台住宅」の募集パンフレット＝提供：板橋区公文書館

が、その由来は「駅近くにある地元の鎮守・天祖神社の境内や参道にトキワの木が数多く生い茂っていたことと、武蔵野台地にあること」だそうだ。しかし、1915（大正4）年11月に開業した「常盤駅」（現JR大糸線・信濃常盤駅）との混乱を避けるため、旧国名・武蔵の冠

【写真❷】旧武蔵常盤駅舎の正面には現駅舎に繋がる窓などが見える（1950年）＝提供：板橋区公文書館

38

【写真❸】初代駅舎の再現を求めてリニューアルした現駅舎は名駅といわれる

称を付けた。

当住宅地は本来、東上線・上板橋～伊勢崎線・西新井間を結ぶ計画線「西板線」の貨物操車場の用地だった。しかし、同路線計画は関東大震災などで断念。事業中止で持て余した7万3600坪（24.2ha）の土地の活用策として、小高い旧向屋敷付近（現常盤台）に現大田区・田園調布のような高級住宅地建設を推進。住宅玄関口となる駅舎にもこだわりを見せて、大谷石造りやスペイン瓦の屋根など、瀟洒な洋風建築が取り入れら

れた（「東武鉄道100年史」要旨）。

現在の表記、ひらがら「ときわ台」【写真❸】への変更は、1951（昭和26）年10月のことだ。当時、「ひらがな」や「台」を付けて、高級感を連想させる傾向があり、当駅もこれらに習ったようだ。

「縁起が悪い」で駅名に祝謡曲を導入

京成高砂 ←高砂←曲金

京成電鉄 本線

DATA 京成高砂駅←高砂駅＝1931年11月18日 ◇高砂駅←曲金駅＝1913年6月26日／所在地：東京府南葛飾郡奥戸村字曲金（現葛飾区高砂5-28-1）／設置者：京成電気軌道／開業日：1912年11月3日

たった1年で好縁起の「高砂」に

「京成電気軌道」が押上線を開業した1912（大正元）年11月に開業。地名（南葛飾郡奥戸村字曲金）から採って「曲金駅」と呼ばれた。曲金は室町時代からの古い字名で、「川が曲がっているから曲金」が由来とされる。当駅舎は現在地より京成小岩駅寄り、本線と京成金町線の分岐部にあった。開業にあわせて、1912（大正元）年4月に譲渡された旧帝釈人車鉄道線（現「金町線」）の曲金～柴又間が開業。翌年には終点・金町駅へ乗り

【写真❶】勾金駅から改称した直後の高砂駅で、左側が金町線のホーム（1914年頃）＝提供：京成電鉄

入れて全通している。

ところがこの金町線全通時、曲金の名称に対して、柴又帝釈天の参詣客から「『曲金』では縁起が悪い」（石本祐吉「京成の駅今昔」）や、「読みにくいので変えてもらえないか」（葛飾区史）などの声が上がる。そこで京成では開設の翌1913（大正2）年6月、「高砂駅」【写真❶】へ

【写真❷】改称直後の京成高砂駅で壇上に駅舎はあった（1933年頃）＝提供：京成電鉄

と変更。「結婚式で新郎新婦が座る席」や「祝言歌として縁起のいい謡曲として歌い継がれる曲」である好縁起の「高砂」から採った。

【写真❸】「京成」の表示がなく、「高砂駅」だけの看板時代の当駅（1975年7月29日）＝撮影：田口政典

昭和に入った1931（昭和6）年11月には、省線・高砂線に同名の高砂駅（現廃止）が存在していると

ころから、「京成」を冠した「京成高砂駅」【写真❷】と改称している。なお駅舎は1954（昭和29）年12月、旧所在地から西側の現在地へ170mほど移転した【写真❸・❹】。ちなみに現平成筑豊鉄道（旧国鉄田川線）には1885（明治18）年8月開業の、同音駅の「勾金駅」もある。

1972（昭和47）年の住居表示では、旧奥戸町などが「高砂」となり、駅名が先にできて町名が後追いした例である。

【写真❹】移転後の2階建ての京成高砂駅だが窓の位置などで現駅に似る（昭和戦後）＝提供：京成電鉄

江戸川橋梁の架橋に合わせて現名に

江戸川 ←市川←伊予田
（えどがわ）（いちかわ）（いよだ）

京成電鉄 本線

DATA 江戸川駅←市川駅＝1914年8月30日 ◇市川駅←伊予田駅＝1912年／所在地：東京府南葛飾郡小岩村大字伊予田（現江戸川区北小岩3-24-15）／設置者：京成電気軌道／開業日：1912年11月3日

駅移転を機に
江戸川にちなんで命名

「京成電気軌道」（現京成電鉄）が押上〜当駅間で初開業した1912（大正元）年11月、江戸川橋梁の工事が遅れていたので、暫定的な終点駅として設置した駅。開業時は「伊予田駅」呼ばれ、江戸時代からある地名（南葛飾郡小岩村大字伊予田）が由来である。伊予田は「1610（慶長15）年、篠田伊予と云うもの開発せ

しゆえ、伊予新田と号せし」（角川版）と伝わる。

暫定駅から本駅への昇格と同時に「市川駅」と改称している。かつて江戸川をはさんで現江戸川区と千葉・市川市を結んでいた「市川の渡し」があり、千葉との隣接地付近を市川と呼んでいたところから付けられたようだ。とはいえ、身近な現JR総武線に1894（明治27）年開業の同名・市川駅があったためか、市川駅改称から2年後の1914（大正3）年8月は早

くも「江戸川駅」【写真❶・❷】と改名している。江戸川橋梁の完成にあわせて、駅の築堤上への移転を機に駅前を流れる江戸川にちなんで命名したとされる。地名・江戸川は「江戸への有力な河川」が由来。

なお駅舎は65年後の1980（昭和55）年6月、橋梁の架け替えによって下流側の現在地へわずかに移転している。

【写真❶】高架下駅となってからの珍しい縦形の駅名看板時代（1992年6月3日）＝撮影：田口政典

【写真❷】移転後の現江戸川駅で縦形看板時代の名残を残す

末広がりの好縁起にあやかって見直す

八広 ←荒川
やひろ　あらかわ

京成電鉄 押上線

DATA 八広駅←荒川駅＝1994年4月1日／所在地：東京府南葛飾郡吾嬬町西9-14（現墨田区八広6-25-20）／設置者：京成電気軌道／開業日：1923年7月11日

「荒川区の代表駅と誤解が」で改称

「京成電気軌道」（現京成電鉄）が開業から11年が経った、1923（大正12）年7月に設置した駅。駅一帯の地名は吾妻町だったが、かつて東武鉄道線に「吾妻橋駅」（1910年に「浅草駅」に改称）があったので、目の前を流れる荒川【写真❶】にちなんで「荒川駅」【写真❷】と命名した。

【写真❶】八広駅付近の荒川を渡る京成電車（1979年6月24日）＝撮影：田口政典

しかし1932（昭和7）年、東京市範囲の拡大で旧北豊島郡日暮里町などが合併、「荒川区」が誕生する。すると向島区（現墨田区）では「荒川区の代表駅と間違えられかねない。当駅との混乱が懸念

【写真❷】地上線の「荒川駅」時代の当駅（1982年7月19日）＝撮影：田口政典

される」（通説）の声も上がるが、名称変更はないままに置かれた。

開業から約半世紀が過ぎた1965（昭和40）年の住居表示に当たって、墨田区では吾嬬町や寺島町など8つの旧地区が合併した時に当地を、末広がりの縁起のいい「八」にあやかって「八広」と改称する。そこで「八広地区の有志と12町会が連携して、駅名の変更を再三にわたって（京成電鉄に）陳情した。京成押上線の高架化に伴い、具体的な駅名改称が取

【写真❸】高架化で新築した現駅舎の改札口付近

りざたされ…」（墨田区まちづくり協議会HP要旨）と要望する。

京成は1994（平成6）年4月、要望に応えて「八広駅」と改称する。2001（平成13）年9月には新駅舎【写真❸】を新築し、100mほど押上側に移転している。

東武社長の開学校に配慮した仮停留所

江古田 （えこだ） ←武蔵高等学校用 （むさしこうとうがっこうよう）

西武鉄道 池袋線

DATA　江古田駅←武蔵高等学校用仮停留所＝1923年／所在地：東京府北豊島郡上板橋村江古田新田（現練馬区旭丘1-78-7）／設置者：武蔵野鉄道／開業日：1922年11月1日

地名は「えこだ」か「えごた」か？

「武蔵野鉄道」（現西武池袋線）の大株主で東武鉄道社長・根津嘉一郎が1921（大正10）年、当地に「武蔵高等学校」

【写真❶】改称直後の「江古田駅」で正面には羽織袴姿の女性が写っている（1925年）＝提供：練馬区

（武蔵大学の前身）を開校した。すると翌1922（大正11）年11月に武蔵野鉄道は、朝夕の通学時間帯のみ停車する「武蔵高等学校用仮停留所」を設置。ただ設備は、簡単なホームだけの仮駅だったという。

同駅は翌1923（大正12）年に本営業を開始することになり、地名（北豊島郡上板橋村字江古田新田）から採った「江古田駅」【写真❶】と改称。本駅昇格と同時に駅舎を、現在地に移転させている【写真❷・❸】。地名・江古田は「エゴノキが田の境にあったから」（須藤良作「中新井川の今昔」）と、アイヌ語で「集団・

【写真❷】コート姿も時代を感じさせる冬の平屋建ての旧江古田駅舎 (1955年)＝提供：練馬区

密集の意味」」(「野方町史」)があるようだ。

ところで、練馬区側の西武線駅は「えこだ」【写真❹】だが、中野区側の大江戸線「新江古田駅」は「えごた」【写真❺】と読む。来歴をたどると池袋線・江古田駅周辺の昔は北豊島郡上板橋村に属し、大江戸線・新江古田駅周辺は東多摩郡江古田村だった。以後には練馬区と中野区

に分かれるなど、「住所変更が繰り返されているうち、いつの間にか『えこだ』『えごた』の読みになったようだ」(「駅名から日本地図を読む本」)との意見もある。

いっぽう「江古田大橋」(中野区江古田)の親柱には「えこた」と濁らない表示も見える。西武鉄道でも駅名決定の経緯ついては「よく聞かれるが、資料がないので分からない」(広報担当)ようだ。余談だが、大江戸線・新江古田駅は計画段階には、混乱が懸念されたため「豊玉駅」の仮称で進められていた。

【写真❸】橋上駅舎に改良した現江古田駅は大学生などで賑わう大きな駅だ

【写真❹】表記「えこだ」の西武線「江古田駅」

【写真❺】「えごた」を採用する都営地下鉄「新江古田駅」

「分譲住宅地」の名をそのまま町と駅へ ─────

富士見台 ←貫井
（ふじみだい・ぬくい）

西武鉄道 池袋線

DATA 富士見台駅←貫井駅＝1933年3月1日／所在地：東京府豊島郡上練馬村大字貫井字中貫井 (現練馬区貫井3-7-4)／設置者：武蔵野鉄道／開業日：1925年3月15日

「富士」の地名が目立つ練馬区

「武蔵野鉄道」(現西武鉄道池袋線)が部分開業した10年後の1925(大正14)年3月に設置された駅。「貫井」は付近の字名(北豊島郡上練馬村大字貫井)を由来とし、地名には「湧水が地盤を通して抜き通っている意の『抜井』や、湧水の水温が特に高いことの意の『温井』から」(角川版)などの諸説がある。

翌1933（昭和8）年3月には「富士見台駅」【写真❶・❷】と改称。真冬に駅付近から拝める富士山【写真❸】が、あまりに見事だったための改称とされる。日本の最高峰・富士山が見える高台に「富士見」の名を付けることは当時に流行し、国立市をはじめとして全国的に見られる。

練馬地域でも昔から富士山、富士下、富士見池、富士見橋など、富士にちなむ地名は多く、武蔵野鉄道沿線には「富士」と名付けられた分譲地が売り出されていた。当「富士見台」も、そこから命名したようだ。

【写真❶】駅前に売店が見られる当時の富士見台駅（1955年頃）＝提供：練馬区

【写真❷】商店街の突き当たりにあるように見える現在の「富士見台駅」

【写真❸】「富士」の地名が多い練馬区からの富士山（練馬区役所で）

富士見台が行政上の町名として公式に称呼するのは1964（昭和39）年11月。駅名変更より後のことである。

大学誘致は失敗するも学園名はいただき

大泉学園 ← 東大泉
おおいずみがくえん　　　ひがしおおいずみ

西武鉄道 池袋線

DATA 大泉学園駅←東大泉駅＝1933年3月1日／所在地：東京府北豊島郡大泉村（現練馬区東大泉1-29-7）／設置者：武蔵野鉄道／開業日：1924年11月1日

小泉と大泉で紛糾の地名が由来

現在の「大泉学園駅」は1924（大正13）年11月、「武蔵野鉄道」（現西武池袋線）が「東大泉駅」【写真❶・❷】として開業。呼称の由来は当時の所在地、村名の（北豊島郡大泉村）からで、「大泉地区東側に所在する大泉（「白子川」の湧水が、村の水田を養うようにとの意味から（大泉村と）決定した」（加藤惣一郎

【写真❶】開業したばかりの「東大泉駅」時代の駅舎（1926年）＝提供：練馬区

「大泉今昔物語」）という。

当地区は現埼玉県新座郡と現練馬区

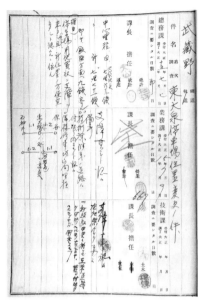

【写真❷】開業前の東大泉駅の位置変更に関する決裁書（1916年）＝所蔵：国立公文書館

【写真❸】腰折れ屋根の名駅といわれた時代の駅前だが、まだ静かな雰囲気が漂う（1976年7月27日）＝撮影：田口政典

の一部が合併してできた村で、町名決定に当たっては「小泉（おいずみ）」と「大泉」の間で紛糾したが、小泉は「こいずみとも読まれてしまう」（角川版）として「大泉村」に軍配が上がる。

　駅を設置した武蔵野鉄道は、東京商科大学（現一橋大学）を誘致する狙いもあって1933（昭和8）年3月、地名プラス大学を意識した「大泉学園駅」に改称する。ところが商科大学は中央線沿線の「旧北多摩郡谷保村」（現JR国立駅前付近）への移転になり、武蔵野鉄道の狙いは外れてしまう。

　大学誘致こそ実現しなかったが、後に多くの高校などが建設され、名称にふさわしい駅となった。80年を経たいまも、その名は継続して使われている。

　開業時の駅舎正面は北口にあり、旧武蔵野鉄道によく見られた腰折れ型の屋根と、半円形の窓が印象的な名駅舎だった【写真❸】。開業時には駅名看板は掲げられていなかったが、大泉学園駅へ改称した時点は「西武電車・大泉学園駅・OIZUMIGAKUEN STATION」のローマ字も併記（後に削除。他の駅でもローマ字表記の駅がある）し、アカデミックな雰囲気で最高学府を迎える準備をしている。

　1983（昭和58）年11月には橋上駅舎に改築した【写真❹】。近くに松本零士の製作プロがあるので、駅改札内コンコースには「銀河鉄道999」のキャラクターが「名誉駅長」として立ち、駅メロには「銀河鉄道999」を使っている。

【写真❹】橋上駅になり駅の南北には便利なペデストリアンデッキが設置された

ひばりヶ丘 ← 田無町

西武鉄道 池袋線

DATA ひばりヶ丘駅←田無町駅＝1959年5月1日／所在地：東京府北多摩郡保谷村（現西東京市住吉町3-9-19）／設置者：武蔵野鉄道／開業日：1924年6月11日

軍事工場跡に建つ団地名に改称

「武蔵野鉄道」（現西武鉄道池袋線）は田無町・小平・保谷・石神井などの各町村から駅設置の要望を受けて、1924（大正13）年6月に「田無町駅」【写真❶】を開業した。駅名・田無町の呼称だが、実は田無町の北端から少し外れた北多摩郡保谷村に駅は位置していた。近接する田無は、青梅街道などいくつかの街道が集まる旧宿場町として知名度が高く、駅の名に同町名を当てたことは十分に理解できる。

【写真❶】「田無町駅」だった頃の駅舎で駅前には西武バスが待機する（1955年）＝提供：西東京市図書館

【写真❷】新呼称の由来となったひばりが丘団地は180棟2714戸に人々が暮らす

しかし、1927（昭和2）年4月、「西武鉄道村山線」（現新宿線）が田無町に「田無駅」を設置した。武蔵野鉄道としては、ライバル・西武鉄道に生粋・田無の名を取られたことに地団駄を踏んだにちがいない。

その後、日本住宅公団（現都市再生機構）が、戦中に広大な敷地を占めていた軍事工場・旧中島航空金属田無製造所跡地に、当時最大級のマンモス団地「ひばりが丘団地」を建設する【写真❷】。そこで旧武蔵野鉄道を統合した現西武鉄道では、団地竣工の1959（昭和34）年5月、「田無町」に見切りを付けて、好イメージの「ひばりヶ丘駅」【写真❸・❹】への改称に踏み切る。

「『台』が付く駅も『丘』が付く駅も主に戦後、不動産で儲けようとした私鉄が、語呂がいい方を選んで好き勝手に駅名と

【写真❸】木造時代のひばりヶ丘駅（1965年）＝提供：西武鉄道

したのだろう」（内田宗治「駅名の秘密」）との指摘も、あながち間違いとはいえないようだ。

　ちなみに旧保谷市と田無市は2001（平成13）年1月に合併し「西東京市」となり、同時に「ひばりヶ丘」を行政上の町名に変更している。

【写真❹】豪華に改築された現ひばりヶ丘駅で、丸みを帯びた駅が印象的だ

鉄道会社提案の駅名を渋り旧名継続

都立家政 ← 府立家政
（とりつかせい）（ふりつかせい）

西武鉄道 新宿線

DATA 都立家政駅←府立家政駅＝1943年7月1日／所在地：中野区鷺宮3丁目（現中野区鷺宮1-16-1）／設置者：西武鉄道／開業日：1937年12月25日

学校移転で「学校名」の新駅を設置

　当地（当時中野区鷺宮）に1938（昭和13）年4月、「東京府立中野高等家政女学校」（旧豊多摩郡立農業学校＝現都立農芸高校の附属実業女学校。府立中野実業女学校、府立中野家政学校、府立高等家政女学校と改称する）が移転して来ることとなった。しかし移転場所は近隣の野方・鷺ノ宮駅からは遠かったため、学校では「西武鉄道」に駅新設を陳情する。

　西武鉄道では駅用地の寄付もあったことから、移転に先立つ1937（昭和12）年12月に学校名そのものの「府立家政駅」を開設した。後から野方〜鷺ノ宮の両駅間の真中に駅を新設したため、隣駅・鷺ノ宮駅とは500mしか離れていない。

　1943（昭和18）年7月には東京府から東京都（都立中野高等家政女学校）に制度改正されたため、「都立家政駅」【写真❶】と改称。戦後の学制改革で昭和21（1946）年3月、同女学校は「東京都立鷺宮高等女学校」（現鷺宮高校【写真❷】）となったため、学校名と駅名が一致した期間はわずか2年8カ月間だった。都立家政の廃校でその名称が問題となる。

【写真❶】駅名看板が屋根の下にあった頃の駅舎（1977年7月11日）＝撮影：田口政典

　「西武鉄道提案の東鷺ノ宮駅への変更計画もあったが、地元の意見もあってそのまま残されることになった」（「AERAdot」）と

【写真❷】「都立家政」の学校を引き継いだ形の現「都立鷺宮高校」

47

される。地元には「都立家政商店街」が誕生していたことや、「愛着もあるので、戦前からの名称を継続して使いたい」と、東鷺宮駅を計画していた西武鉄道に陳情して実現したという。学校・都立家政がなくなってから75年になるが、主のいない駅名は、地域に定着して依然として健在である【写真❸】。

似たような例では東急東横線の「学芸大学駅」（88頁参照）と「都立大学駅」（89頁参照）がある。既に両大学は移転済みにもかかわらず、「定着した名称だけは残してほしい」とする地元の意向に沿って継続使用している。

【写真❸】都立家政はなくなったが住民の意向を受けて旧呼称を残した

熱心に誘致したので神社名を使うことに

東伏見 ←上保谷
ひがしふしみ　←かみほうや

西武鉄道 新宿線

DATA 東伏見駅←上保谷駅＝1929年11月20日／所在地：東京府北多摩郡上保谷村（現西東京市東伏見2-51-1)／設置者：西武鉄道／開業日：1927年4月16日

ご神体迎える際には「特別列車」も

「西武鉄道」が当時の「村山線」（現新宿線）の東村山～高田馬場間を開業した1927（昭和2）年4月、「上保谷駅」として設置した駅。当時の村名（北多摩郡上保谷村）がその由来である。保谷は「穂屋・穂谷が用いられ、水利がよく稲作に向いていた土地であるとことから来ている」（通説）のほかに「保谷という人物が主として開墾」（角川版）や「元禄時代の幕府への提出書類を間違えて『保谷』を使い、以後この字になったという」（保谷市HP）などの諸説がある。ちなみに光学機器で知られる「HOYA」は、読んで字のごとくこの地が創業地だ。

【写真❶】大鳥居が迎える現東伏見稲荷神社の建設には、西武鉄道も尽力した

開業後間もなく「金融恐慌による大不況などの世情動揺は、国体護持の守護神がいないから」と、稲荷神を信仰する信者たちの希望で、西の本家・京都の伏見稲荷大社から、ご神体を東に勧請する動きが活発化。そして「東伏見稲荷神社」（西東京市東伏見1-5-38【写真❶】）が創建される。

と改称され…」（神社由緒解説板）とあるように、駅名を「東伏見駅」【写真❷】と改称。誘致には西武鉄道も熱心で、神社の敷地は鉄道所有地約2.3haを無償貸与し、ご神体を迎える際には特別列車まで走らせたほどである。

なお行政上の地名では「伏見町」「稲荷町」なども候補にあったが1966（昭和41）年5月、神社・駅名にあわせて東伏見と改称した。

【写真❷】神社へは徒歩で10分ほどがかかる最寄り駅の「東伏見駅」

創建にちなみ、開業2年後の1929（昭和4）年11月、「御霊代が京都から着御と同時に、西武線元上保谷駅が東伏見

住民の熱意により「仮駅廃止」も復活

東村山 ←久米川
（ひがしむらやま）（くめがわ）
西武鉄道 新宿線

DATA 東村山駅←久米川駅（仮駅）＝1895年8月6日／所在地：東京府北多摩郡東村山村大字久米川（現東村山市本町2-3-32）／設置者：川越鉄道／開業日（仮駅）：1894年12月21日

「水害心配」で川手前に仮駅で開業

国分寺駅〜川越（現・本川越）駅間の建設をめざした「川越鉄道」（現西武鉄道国分寺・新宿線）が1894（明治27）年12月、国分寺駅から当駅まで開業する。しかし開業に当たって地元住民から、現東村山駅〜現所沢間の柳瀬川（現東村山市）への架橋に対して「水害の心配が

ある」と反対されたため、同川手前【写真❶・❷】の当地に、「久米川」として終点仮駅を設置した。鎌倉期に栄えた、宿場としての古い字名（東村山村大字久米川）から命名された。

その後に柳瀬川を越えた国分寺駅〜

【写真❶】久米川仮駅があったとされる踏切付近。後方、3階建ての建物は西武鉄道寮

【写真❷】改称して間もない頃の東村山駅（1902年頃）＝出典：「図説東村山市史」

【写真❸】橋上駅になる前の当駅（1970年頃）＝出典：「東村山市史」

【写真❹】高架化のために改築中だった現在の東村山駅（2022年12月）

川越（現本川越）駅間の全線が開業すると、設置から4カ月後の1895（明治28）年3月に仮駅は一時廃止される（西武鉄道では久米川仮駅を東村山駅の開業日としている）。

駅廃止を知った地元住民は、久米川仮駅を本駅に格上げしての営業継続を要望したが実現しなかった。そこで工事代金・駅用地などの地元負担を条件に、代替駅の設置を陳情する。陳情から5カ月後の同1895（明治28）年8月、仮駅より南側の現在地（現東村山市本町2-3）に新駅「東村山駅」【写真❸】が設置された。地名・村山は「狭山丘陵が武蔵野に連なる景観を『群山』といい、それが地名に転訛した」（角川版）とされる。

駅西口ロータリーには1897（明治30）年4月、久米川仮駅代替駅の設置運動で駅を実現させたことを記念した碑が立つ。裏面には寄付者とその金額が刻まれている。ちなみに東村山駅【写真❹】の隣駅に旧当駅と同名の久米川駅（開業時は停留所）があるが、同駅は久米川仮駅廃止から32年後の1927（昭和2）年4月、新たに開業した別駅である。

「市名付けて！」の勢いに鉄道会社妥協

東大和市 ← 青梅橋
ひがしやまとし　　　おうめばし

西武鉄道 拝島線

DATA 東大和市駅←青梅橋駅＝1979年3月25日／所在地：東京都北多摩郡大和村（現東大和市桜が丘1-1415-1）／設置者：西武鉄道／開業日：1950年5月15日

「誤って下車」防止策に呼称変更

「西武鉄道」が1950（昭和25）年5月、小川〜玉川上水間の「上水線」（現拝島線）を部分開業した時に設置した駅。同路線は戦前、日立航空機立川工場（現東大和市に所在）への専用貨物線だったが、戦後に西武鉄道が譲り受けて旅客

【写真❶】周辺が農地一色だった開業頃の青梅橋駅（1958年2月）＝出典：「東大和市史」

運行を始めた。

　駅名は近くの橋の名前から採って「青梅橋駅」【写真❶・❷】とした。青梅橋は玉川上水から分水した野火止用水に架けられた青梅街道上の橋である。「昭和になってコンクリート製に架け替えられたが、1963（昭和38）年の東村山浄水場の開設に伴い暗渠になった」（解説板）という。橋があった青梅橋交差点付近には「青梅橋」の解説板が立っている【写真❸】。

　ところが「青梅（青梅線）に行くべきところを当青梅橋駅で誤下車してしまう」ことがよくあった。そこで当時の東大和市長は「西武鉄道に名称の変更を持ち掛けたが、600万円かかるといわれて諦める。しかし西武の企画部長が『当社と一緒にやれば無料だ』と逆提案。私が『ならば東大和駅で…』と主張すると、『ヤマトが付く駅名は全国に山ほどある』とためらった。が、東大和はどうしても生かしたい。そこで『市』を付けた『東大和市駅』で決着した」（「東大和市史」要旨）という。こうして1979（昭和54）年3月、「東大和市駅」は誕生した【写真❹】。市名・東大和は「大きく和するに、東京の東を冠した」（角川版）が由来である。

【写真❸】青梅橋があったことを伝える東大和市駅近くの解説板

【写真❷】「多摩川競艇」の看板も見える当時の青梅橋駅舎（1964年12月）＝出典：「東大和市史」

【写真❹】改称後の現東大和市駅

隣駅との統合で生まれた「造語駅名」

一橋学園 ←一橋大学←商大予科前
ひとつばしがくえん ←一橋大学←商大予科前
ひとつばしだいがく しょうだいよかまえ

西武鉄道 多摩湖線

DATA 一橋学園駅←一橋大学駅＝1966年7月1日 ◇一橋大学駅←商大予科前駅＝1949年5月2日／所在地：東京府
北多摩郡小平村(現小平市学園西町2-1-1)／設置者：多摩湖鉄道／開業日：1933年9月11日

2駅を統合して両者の名称を合成

　小平学園都市の開発と、村山貯水池（多摩湖）・山口貯水池（狭山湖）などの観光開発を目論む「多摩湖鉄道」（現西武多摩湖線）は1928（昭和3）年4月、国分寺〜荻山間を開業させる。その直後に東京商科大学予科（現一橋大学）が当地に開学することとなり1933（昭和8）年9月、大学近くに「商大予科前駅」の駅を開業した。駅舎は切妻の三角屋根で、小規模ながら学園都市にふさわしいアカデミックな雰囲気を醸し出す。

　1949（昭和24）年5月には学制改革によって、東京商科大学が一橋大学と変更したのを機に「一橋大学駅」【写真❶】と

【写真❷】旧小平学園駅付近からは現一橋学園駅が目の前に見える

改称。校名由来は「文部省（現文部科学省）直轄となった1885（明治18）年、東京外国語学校と合併して神田一ツ橋に校舎を移転したことに伴う」とされる。その地名・一橋は日本橋川（現千代田区）に架かっていた橋梁名だが、「徳川家康が入府した頃大きな丸木が、一本架けられていたことが由来」（角川版要旨）という。

　高度経済成長期を迎えると、西武鉄道では輸送力の増強を図るため、駅の統

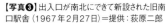

【写真❸】出入口が南北にできて新設された旧南口駅舎（1967年2月27日）＝提供：荻原二郎

【写真❶】デザインが施された「一橋大学駅」時代の駅舎（1965年）＝提供：西武鉄道

【写真❹】鉄道駅らしい雰囲気の半動輪(かまぼこ)型の屋根に変わった現南口駅舎

合などの対策を立てる。そのひとつとして1966(昭和41)年7月、当駅に近かった隣駅「小平学園駅」を統合し、両駅の中間地点に新駅を建設することにする【写真❷】。このため小平学園駅を廃止して一橋大学駅に統合。中間地点の駅名は両名称をあわせた「一橋学園駅」【写真❸・❹】とした。ちなみに小平市内には一橋学園という町名は存在しない。

「村に駅がないので譲って」で合意

武蔵大和 ← 村山貯水池
（むさしやまと）（むらやまちょすいち）

西武鉄道 多摩湖線

DATA 武蔵大和駅←村山貯水池駅(仮)＝1936年12月30日／所在地：東京府北多摩郡大和村清水2丁目(現東村山市廻田町3-9-19)／設置者：多摩湖鉄道／開業日：1930年1月23日

貯水池際に駅新設で仮称駅名を譲る

　風光明媚な人造湖・村山貯水池(多摩湖)への進出を目論む「多摩湖鉄道」(現西武鉄道多摩湖線)は、ライバルの西武鉄道とバトル競争を展開する。西武進出に焦る多摩湖鉄道は1930(昭和5)年1月、貯水池から900mほど南側の場所(現

東村山市美住町2-20付近。回田信号場西端付近【写真❶】)にとりあえずの「村山貯水池仮駅」を開設した。

　仮駅で開設したのは、貯水池側に「川越鉄道」(箱根ヶ崎線)が持つ免許ルートが未確定で延伸を遮られていたからだ【写真❷】。ともあれ萩山駅から延伸して不満足ながら、「村山貯水池」への進出は果たした。そして仮駅から貯水池への観光

【写真❶】貯水池への乗り入れをめざしての旧村山貯水池仮駅があった現回田信号場付近

【写真❷】多摩湖鉄道の延伸を阻んでいた川越鉄道、箱根ヶ崎線の計画ルート＝出典:「西武電車沿線案内」

客の輸送は、送迎バスで間にあわせた。

川越鉄道の箱根ヶ崎線計画が頓挫したことから1936（昭和11）年12月、貯水池にほど近い場所まで路線を延伸、多摩湖線を全通。貯水池脇へ新設した駅には「村山貯水池駅」と、正式に命名した（54頁参照）。本駅・村山貯水池駅の開業で必要性が乏しくなった当駅（仮駅・村山貯水池駅）は、箱根ヶ崎架道橋の北側に移設のうえ「武蔵大和駅」【写真❸】と改称して改めて開設する。

名称変更に当たっては、西隣で村山貯水池が所在する「大和村」（現東大和市）と駅所在地の東村山市は何度も協議した。大和村側が「大和には1駅しかないので譲ってほしい」との交渉成立で命名したとされる（東大和交通市研究の会「多摩湖鉄道」）。「大和駅」は小田急線にあったので国名・武蔵を冠した。

2011（平成23）年3月に駅舎をやや八坂駅寄りに移して【写真❹】ホームを延長

【写真❸】丘陵の上にホームがあるため階段を上り乗車した（1965年頃）＝提供：西武鉄道

【写真❹】現在ではエレベーターでホームに上がることができるようになった

し、バリアフリーに改修した。築堤上にある改札口とホームへは、新設のエレベーターで昇ることになった。

ライバル鉄道との競争で改称を繰り返す

多摩湖 ←西武遊園地←多摩湖←狭山公園前←村山貯水池

（たまこ）

西武鉄道 多摩湖線

DATA 多摩湖駅←西武遊園地駅＝2021年3月13日 ◇西武遊園地駅←多摩湖駅＝1979年3月25日 ◇多摩湖駅（初代）←狭山公園前駅＝1951年9月1日 ◇狭山公園前駅←村山貯水池駅＝1941年4月1日／所在地：開業時：東京府北多摩郡東村山村宅部付近（現東村山市多摩湖町3-15-18）／設置者：多摩湖鉄道／開業日：1936年12月30日

半世紀ぶりに復活した昔の名前

都心からの手軽な景勝地となる人造湖・村山貯水池（多摩湖）と山口貯水池（狭山湖）へは、武蔵野鉄道・多摩湖鉄道・西武鉄道の3社で激しい乗り入れ合戦が展開された。

まず「多摩湖鉄道」（現西武多摩湖線）

【写真❶】旧類似する駅名が誕生することに大きく関係した村山貯水池（多摩湖）

は他社に先駆けて1930（昭和5）年1月、ずばり「村山貯水池仮駅」を開業させた。だが当駅は貯水池【写真❶】から900mほど南側に離れた場所にあり、目的とする地点ではないので仮駅で設置した（53頁参照）。

　片やライバル「西武鉄道」は同1930（昭和5）年4月に急きょ、東村山駅から「村山線」（現新宿線）を分岐させて、貯水池の目前に「村山貯水池前駅」（現東村山市多摩湖町3丁目）を開業させる。負けていられない多摩湖鉄道は1936（昭

和11）年12月の晦日、路線を延伸させて西武・村山貯水池前駅の目の前に、本駅の「村山貯水池駅」【写真❷】をようやく開設した。この間の1933（昭和8）年3月には、武蔵野鉄道が「村山貯水池際駅」を設置して両鉄道を追う。

　しかし「村山貯水池○駅」という、似たような名前の駅が鉄道会社ごとに設置されたため、混乱が生じてくる。

　戦時が激しくなってくると軍部が「軍事上重要な施設である貯水池を隠す」の目論見もあって、駅名の変更を求めてくる。多摩湖鉄道・村山貯水池駅も他社にあわせ1941（昭和16）年4月、混乱の少ない「狭山公園前駅」と改称した。

　終戦を迎えて多摩湖鉄道を吸収した「西武鉄道」（武蔵野鉄道が統合）は、「東村山文化圏」とする総合娯楽ゾーンの再開発構想を立ち上げる。その一環と

【写真❷】貯水池の目の前に設置した本駅「村山貯水池駅」＝絵葉書

【写真❸】狭山公園駅を「多摩湖駅」（初代）と改称した時代の駅舎（1965年頃）＝提供：西武鉄道

【写真❹】多摩湖駅となる前の「西武遊園地駅」時代の当駅南口（2017年）

【写真❺】駅舎は変わらないが2代目の現「多摩湖駅」（北口）

して1951（昭和26）年9月、旧狭山公園前駅を村山貯水池の愛称である「多摩湖駅」【写真❸】と改称、1961（昭和36）年9月には400m北側へ延伸・移転させる。

　1979（昭和54）年3月には、西武遊園地の開業を受けて「西武遊園地駅」【写真❹】と改称した。そして2021（令和3）年3月、全面リニューアルした西武遊園地に近い「遊園地西駅」に「西武ゆうえんち駅」（埼玉県所沢市）の呼称を譲り、70年ぶりに「多摩湖駅」【写真❺】を復活・改称させている。

「縁起が悪い」の声に応えて地名駅に

多磨（たま）　←多磨墓地前（たまぼちまえ）

西武鉄道 多摩川線

DATA｜多磨駅←多磨墓地前駅＝2001年3月28日／所在地：東京府北多摩郡多磨村字人見付近（現府中市紅葉丘3-42-2)／設置者：多摩鉄道／開業日：1929年1月5日

大学名への改称に地元が難色

　現在の「西武多摩川線」は1922（大正11）年6月、多摩川の砂利を都心に運ぶ

【写真❶】現在の多磨墓地入口でお盆などには墓参りの人であふれる

目的で「多摩鉄道」が全通（武蔵境〜是政間）させた路線。いわゆる砂利鉄だが、旅客運行も兼ねて運行していた。

　同鉄道は1927（昭和2）年8月、旧西武鉄道に合併され「西武鉄道多摩線」となった後、「是政線」「武蔵境線」「多摩川線」と、路線名の改称が繰り返された。

　合併を機に西武鉄道では貨物輸送に加えて、旅客輸送にもさらに力を入れる。参詣者が増加していた東京市立多磨墓地【写真❶】の近くに1929（昭和4）年1月、「多磨墓地前駅」【写真❷・❸】を設

12)年、東京外語大学が移転して来ることになる。そこで「東京外国語大学前駅」へ改称する動きもあったが、地元の石材店等が難色を示したとされる。その後に榊原記念病院の移転が決定すると、「縁起が悪いので『墓地前』を駅名から無くせ」との声が高まり（「乗りものニュース」等）、2001（平成13）年3月に「多磨駅」（副駅名：東京外語大前）と改称する【写真④】。こうした縁起を担いで改称した例では「曲金駅」（旧京成電軌線＝39頁参照）などがある。

【写真②】山小屋風の「多磨墓地前駅」時代の駅舎（1965年頃）＝提供：西武鉄道

置する。運行はガソリンカーで、彼岸時には15分ごとに頻発させたという。その後、多磨墓地は「多磨霊園」と改称されたが、駅名はそのまま継続した。

開設から約70年が経った2000（平成

【写真④】ユニークなデザインで大きくなった現在の「多磨駅」

【写真③】当時の多磨墓地前駅構内で対向式ホームになっている＝提供：西武鉄道

白糸台 ←北多磨
しらいとだい きたたま

西武鉄道 多摩川線

DATA | 白糸台駅←北多磨駅＝2001年3月28日／所在地：東京府北多摩郡多磨村上染谷付近（現府中市白糸台2-71-6）／設置者：多摩鉄道／開業日：1917年10月22日

古名・白糸にはやりの「台」が付く

多摩川の砂利運搬線の「多摩鉄道」が1917（大正6）年10月、境駅（現武蔵境駅）から終点の当駅まで部分開業した際、車両基地を備えて設置された。名称は村名（北多摩郡多磨村）から決定。多磨村の北側にあったこともあって「北多磨駅」【写真❶・❷】に異論はなかった。ちなみに北多摩郡と南多摩郡は多摩川を境に分かれる。

しかし2001（平成13）年3月、北側隣駅の多磨墓地前駅が「多磨駅」に改称するのを機に、「多磨駅の南側に北多磨駅があるのは不自然で混乱も招く」（西武鉄

【写真❶】北多摩駅時代の切妻屋根の駅舎（1965年頃）＝提供：西武鉄道

道広報資料）として、多磨駅（旧多磨墓地前＝56頁参照）とともに改称することになった。

新駅名「白糸台駅」【写真❸】は車返村の古名「白糸」に、好イメージの「台」を付けた地名という。地名・白糸は「当地は昔から蚕を飼い絹糸を作り、世田谷の砧で糸をさらし、上染屋や下染屋で白糸を染め上げて八王子の織屋に送り、これを国府に収めていた人が住んでいた地」（通説）から付いたとされる。

【写真❷】改築された旧称時代の先代駅舎（1995年8月）＝提供：府中市

【写真❸】おしゃれな駅名に改称後の現「白糸台駅」

「ギャンブル駅名」採用に異論の声も

競艇場前 ←常久
きょうていじょうまえ　　つねひさ

西武鉄道 多摩川線

DATA 競艇場前駅←恒久駅＝1954年5月21日／所在地：東京府北多摩郡多磨村字常久（現府中市小柳町4-10-11）／設置者：多摩鉄道／開業日：1919年6月1日

「多摩村」か「多磨村」でひともめ

「多摩鉄道」は1917（大正6）年10月、境駅（現武蔵境駅）〜北多磨駅（現白糸台駅）間で開業し、1919（大正8）年6月に現終点駅・是政まで全通する。この時に中間駅として「常久駅」は設置された。多磨村となる以前の旧常久村を引き継ぐ字名（北多摩郡多磨村字常久）が称呼の由来である。常久は「むかし常久と云いし人居住せりしにより唱えし」（「新編武蔵」）といい、地名の謂れは人名とのことだ。

ちなみに多磨村は1889（明治22）年、付近の8カ村が合併して発足したが村名が問題になる。当地域は「北多摩郡」で

【写真❶】駅の名に由来する現多摩川
競艇場は開催日にはファンで混み合う

あり、住民の多くは「多摩村」を望んだ。だが南多摩郡に「多摩村」があるため、重複を避けてやむなく「多磨村」としたという（通説）。もっとも多磨は、平安時代の『続日本書紀』や『延喜式』にも登場する（角川版）古い地名でもある。

戦後になって砂利採取が禁止されると1954（昭和29）年6月、旧多摩川河川敷の砂利採取場や旧多磨村中学校の跡地を利用した「多摩川競艇場」【写真❶】が開設される。ギャンブル施設である競艇場の開場に当たっては、「誘致した多磨村村長のリコール運動など、地元での反対も激しかった」（「府中

【写真❷】競艇開催日には臨時出札口も出たという旧競艇場前駅（1965年頃）＝提供：西武鉄道

【写真❸】改築した現在の競艇場前駅で後ろの屋根などは旧駅舎を思わせる

市史」要旨)とされる。

　競艇場開設の1カ月前1954（昭和29）年5月、現在の「競艇場前駅」【写真❷・❸】と改称している。改称理由は「競艇場経営に強い力を持つ西武鉄道が、武蔵境線を多摩川線に改称したのを機に駅名を変更した」や「常久が府中市の行政上の町名になかった」などとされる。

　競艇場や競馬場などの名称駅は、「蒲郡競艇場前駅」（名古屋鉄道蒲郡線）、「大井競馬場前駅」（東京モノレール線）など全国に見られる。

遊園地廃園でどんな名前になるか注目 ────────

豊島園 ← 豊島
としまえん　　としま

西武鉄道 豊島線

DATA　豊島園駅←豊島駅＝1933年3月1日／所在地：東京府北豊島郡下練馬村字谷戸山6815（現練馬区練馬4-25）／設置者：武蔵野鉄道／開業日：1927年10月15日

豊島「区」ではなく「郡」が由来

　身近な遊園地としてよく訪れた「豊島園」（練馬区向山3-25-1）が、2020（令和2）年8月に幕を閉じた。

　同園は土地所有の財界人・藤田好三郎が1926（大正15）年9月、運動と園芸を東京市民に広く奨励するために「練馬城址豊島園」として部分開放したことに始まる。その後に経営者は次々と代わるが、日本で最も古い遊園地のひとつとされた。

　豊島園へのアクセスは当初、武蔵野鉄道（現西武池袋線）・練馬駅からの徒歩であった。

　そこで同鉄道・堤康次郎は、豊島園送迎路線の建設を条件に、同園を所有する藤田に共同経営を持ち掛ける。こうして1927（昭和2）年10月、起終点2駅のみ、区間距離わずか1kmの「豊島線」【写真❶】を開業する。終点駅は「豊島駅」と

【写真❶】夏休みなどにはプールを求める子供たちで賑わった豊島園駅（1980年）＝提供：練馬区

60

【写真❷】旧豊島園駅舎で屋根などがリニューアルされている=提供：練馬区

命名した。豊島園や豊島線・駅の名称は「現豊島区」が由来ではなく、開業時の郡名「北豊島郡」にちなむ。

堤は次第に経営順調の豊島園を欲しくなった。「豊島園への交通手段は武蔵野鉄道しかない…。との強みを生かして、日曜日などの稼ぎ時に電車を間引いたり、豊島園行そのものを運休する策を仕掛けた。これには、当時の同園経営・小川栄一（藤田観光創始者）も、たまらず売却も検討してしまう」（立石康則「寂しきカリスマ 堤義明」要旨）

小川は「同鉄道、非人道的な堤に対して貴鉄道の借金、8割を切り捨てた恩人の私に客を送らない工夫をするとは何事だ。発想（企て）した部下を切れ、と申し入れたところ、堤が応じたのであっさり豊島園を譲った」（小川栄一「私の履歴書」要旨）という。

西武は1933（昭和8）年3月に豊島駅を「豊島園駅」【写真❷】と改称、1941（昭和16）年11月に豊島園は堤の武蔵野鉄道が経営するようになる。

その後、多彩なアトラクションや世界初の流れるプールなどで話題を呼び、入園者は増加。しかし1983年、東京ディズニーランド開園後は入園者が激減。2020（令和2）年8月31日、94年の歴史にピリオドが打たれた【写真❸】。

2011（平成23）年12月には東京都が敷地を買収して公園（防災公園）にする方針を打ち出し、敷地の一部には映画「ハリー・ポッター」をテーマにした施設をオープンすることが決まっている。園の廃止によって豊島園駅【写真❹】の駅名がどのようになるか、鉄道ファンとしても注目である。

【写真❸】一世紀近く愛された遊戯施設、豊島園も惜しまれながら廃園となった（2017年2月）

【写真❹】現豊島園駅だが遊園地廃止で駅名はどうなるのかが注目される

類似駅名が集中した「村山貯水池」周辺

　人気景勝地となった「村山貯水池」（通称：多摩湖）へは、「武蔵野鉄道」（現西武池袋線）・「多摩湖鉄道」（現西武多摩湖線）・「西武鉄道」（現西武国分寺線等）の３社による乗り入れ合戦が展開される。

　乗り入れで先行するのは武蔵野鉄道で、1929（昭和４）年５月に西所沢から「狭山公園駅」（1933年「村山貯水池際駅」と改称）を設置し貯水池に乗り入れた。次いで多摩湖鉄道が翌1930（昭和５）年１月、旧萩山駅から延伸した「村山貯水池仮駅」を設置し貯水池へ近づく。遅れを取った西武鉄道は同1930（昭和５）年４月、「村山線」を分岐させて「村山貯水池前駅」まで乗り入れた。

　池からやや遠かった多摩湖鉄道は1936（昭和11）年12月、仮駅・村山貯水池駅から延伸させて貯水池沿いにたどり着く。駅の地点は敵対心をむき出しにして、西武・村山貯水池前駅の真ん前に「村山貯水池駅」【写真❶】を開設する。こうして極似駅名の３駅（村山貯水池際駅・村山貯水池駅・村山貯水池前駅＝下段地図）が鉄道会社ごとに設置された【写真❷・❸】。このため「貯水池を散策している間に駅を見失い、来た時とは別の駅を教えられ、おかげで遠回りをして帰る行楽客もあったという」（「東村山市史」要旨）の問題が生ずる（54頁参照）。　だが戦時下、当局は「軍事上重要な施設である貯水池を隠す」との事情から、「物見遊山的」な名称への変更を求めてきた。そこで各社とも（武蔵野鉄道…休止、多摩湖鉄道…狭山公園前駅、西武鉄道…狭山公園駅）と、貯水池が付く駅名改称、旧駅名は「消えた駅名」となる。

　現在では国分寺線の「多摩湖駅」、西武線の「西武園駅」、狭山線の「西武球場前駅」として、駅地点は異なるが、改称を辿った歴史を踏まえながら賑わう。

【写真❶】旧多摩湖鉄道の「村山貯水池駅」（55頁参照）

【写真❸】各社の村山貯水池駅から乗車できる「貯水池めぐり」乗車券で、当券は武蔵野鉄道発売の「復路乗車券」

【写真❷】かつて池周辺には「村山貯水池」を名乗る駅が散在し混乱を招いた＝出典『日本全国鉄道図』（東京日日新聞・1927年）

第３章

小田急電鉄・京王電鉄

「小田急本社前駅」の駅名も戦時における東京横浜電鉄との吸収合併で、場所名の「南新宿駅」に改称することになってしまう。「小田急本社前駅」（左）と現在の「南新宿駅」

避けて通れぬ戦時の東急との合併での改称

　「小田急電鉄」（旧小田原急行鉄道）と「京王電鉄」（旧京王電気軌道）は、主に新宿を起点に立ち上げた鉄道である。小田急は観光目的の鉄道であり、路面電車で発起した京王は新宿への乗客輸送を主目的とした。

　両鉄道の歴史にとって避けて通れないのは、戦時における「東京横浜電鉄」（現東急電鉄）への合併である。当時の戦況から国では、駅の統合などによる鉄道効率化を強行した。この一環として現在の小田急・京急・京王・相模鉄道などを、東急に吸収させたのである。

　そこで両鉄道でも駅名の変更を迫られる時代がやってくる。小田急では「小田急本社前駅」という会社にとって本丸的な駅名が、同社の合併消滅によって「南新宿駅」と改称されてしまう（64頁参照）。一方の京王も同様の事態に巻き込まれる。日本大学の移転によって「日大前駅」を開業するが、合併によって同地点にあった東急世田谷線（旧下高井戸線）の「下高井戸駅」と統合される。やむなく日大前駅は無くなるが、日大関係者にとっても大きなショックだったのではないか（68頁参照）。

　ところで京王では駅名の観光化を目的に戦前、10駅を超える駅名の一斉改称に踏み切っている。主に地名駅名を、駅近くにある有名な施設等の名前に類似する駅名へ改称しようとするものだ。例えば「上高井戸駅→芦花公園駅」「屋敷分駅→分倍河原駅」「関戸駅→聖蹟桜ヶ丘駅」などである（86頁参照）。一斉改称が成功したかの検証は行っているかは定かではないが、これまでに駅名改称をしていないところをみると一定の評価をしているのだろう。

戦時政策でやむなく「本社名」に別れ

南新宿
みなみしんじゅく
←小田急本社前(おだきゅうほんしゃまえ)**←千駄ヶ谷新田**(せんだがやしんでん)

小田急電鉄 小田原線

DATA 南新宿駅←小田急本社前駅＝1942年5月1日 ◇小田急本社前駅←千駄ヶ谷新田駅＝1937年7月1日／所在地：東京府豊多摩郡千駄ヶ谷町大字千駄ヶ谷字千駄ヶ谷新田（現渋谷区代々木2-29-16）／設置者：小田原急行鉄道／開業日：1927年4月1日

駅は渋谷区の所在ながら、新宿に…

「小田原急行鉄道」（現小田急電鉄）が開業した1927（昭和2）年4月、「千駄ヶ谷新田駅」【写真❶】の駅名で誕生した。所在地の字名（字千駄ヶ谷新田）から命名された。地名・千駄ヶ谷は「日に千駄のカヤを出す一面の茅野であったから」（「新編武蔵」）や「千駄木をたいて雨乞いした谷」（渋谷区史）が由来のようだ。「新田」は新たに開墾した地をいい、当時も地名として各地に残っていた。

開業から10年後の1937（昭和12）年7月、本社社屋の当地への移転で「小田急本社前駅」【写真❷】に改称する。1941（昭和16）年3月に小田原急行鉄道は「小田急電鉄」と正式に改称するが、新駅名から見ると新社名以前から「小田急」の略称は使われていたようだ。

1942（昭和17）年5月には戦時の国策により同電鉄は当時の「東京横浜電鉄」（後の「東京急行電鉄」）の経営となり、小田急電鉄は解散させられた。この社名消滅を受けて、東急は「南新宿駅」【写真

【写真❷】本社を背に開業していた時代の「小田急本社前駅」＝提供：小田急電鉄

【写真❶】沿線名所案内（部分。発行:小田原急行鉄道。発行年等不明）には「千駄ヶ谷新田」の駅名が見える。

【写真❸】約半世紀前の地上線時代の当駅遠望（1977年7月13日）＝撮影:田口政典

【写真❹】高架下になり、駅名も変わった現南新宿駅。かつてこの地には小田急本社があった

谷区代々木だった。

戦後に小田急電鉄は復活したが、旧本社屋は東京大空襲で焼失していた。跡地で本社機能を継続するが、1975（昭和50）年8月、新宿駅西口の現在地（新宿区西新宿1-8-3）に移転している。なお本社は社屋老朽化のため2023（令和5）年、一部を海老名市に移転し、新宿と海老名の2拠点体制にすることが決まっている。

❸・❹と改称した。新宿駅南側の駅として、分かりやすさを重視したのだろうが、実は当駅の所在地は新宿区ではなく、渋

町名整理にあわせて「ヶ」がなくなった

世田谷代田 ←世田ヶ谷中原
せたがやだいた　　　せたがやなかはら

小田急電鉄 小田原線

DATA　世田谷代田駅←世田ヶ谷中原駅＝1946年8月20日／所在地：東京府荏原郡世田ヶ谷町大字代田字中原（現世田谷区代田2-31-12）／設置者：小田原急行鉄道／開業日：1927年年4月1日

戦時には「代田連絡線」の起点駅に

当駅は「小田原急行鉄道」（現小田急電鉄）が新宿〜小田原間で全通した1927（昭和2）年4月、「世田ヶ谷中原駅」として開業した。駅名は当時の町名の「荏原郡世田ヶ谷町」の町名と「大字代田字中原」の小字名をあわせたものだ。

しかし1945（昭和20）年7月の東京大空襲で、小田急の駅舎としてはただひとつ焼失し

てしまう【写真❶】。やむなく営業を一時休止、終戦後の翌1946（昭和21）年6月に営業を再開させている。

同1946（昭和21）年8月、代田村の細

【写真❶】戦災で焼けた旧世田ヶ谷中原駅で、標識だけが見える＝提供：小田急電鉄

65

【写真❷】他の駅と同様に駅前は多くの自転車が並んでいる(1982年5月15日)＝撮影:田口政典

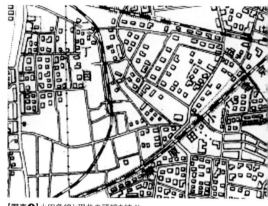

【写真❸】2022年に放映された人気テレビドラマ「silent」(フジテレビ)のロケ地となった現「世田谷代田駅」

【写真❹】小田急線と現井の頭線を結ぶために敷設された戦時の「代田連絡線」

分化で字・中原はなくなったので、「世田谷区代田」の地名から取って現在の「世田谷代田駅」【写真❷・❸】と改称した。区の名称は戦前の1932(昭和7)年10月の制度改正で、「荏原郡世田ヶ谷町」から「ヶ」を取った「世田谷区」に変わっている。旧町名・代田は「この付近に昔大きな窪地があり、それが想像上の巨人伝説による『ダイタラボッチ』にちなむ」(「世田谷区史」)から来たとされる。

戦時には旧小田急系の帝都電鉄(現京王井の頭)線・永福町車庫への爆撃で電車が焼失。そこで、系列の小田急線・当駅〜井の頭線・代田二丁目駅(現新代田駅)間に、補充車両を運ぶための連絡線(代田連絡線【写真❹】)が1945(昭和20)年6月〜1952(昭和27)年にかけて敷設されていた。

省線に配慮して「新」の名を付ける

町田 ←新原町田

小田急電鉄 小田原線

DATA 町田駅←新原町田駅＝1976年4月11日／所在地:東京府南多摩郡町田町字原町田(現町田市原町田6-12-20)／設置者:小田原急行鉄道(現小田急電鉄)／開業日:1927年4月1日

小田急にあわせて旧国鉄、折れる?

「小田原急行鉄道」(現小田急電鉄)が新宿〜小田原間を全通した1927(昭和2)年4月、「新原町田駅」として開業した。駅舎は腰折れ屋根を持つ、スケールの大きい駅舎だった【写真❶】。所在地の字名(南多摩郡町田町字原町田)から

【写真❶】腰折れ型屋根を持つ開業時の「新原町田駅」（1952年頃）＝提供：町田市

の命名で、町田は「町は田んぼの区画のことで、田は区画された田んぼという意味」（町田市HP）という。

　駅名に「新」の冠を付けたのは、離れた地点に1908（明治41）年9月開業の、「横浜鉄道」（後の省線・横浜線で現JR横浜線）の「原町田駅」【写真❷】があり、

【写真❷】旧国鉄の「原町田駅」。後に現在地へ移転する＝提供：町田市

【写真❹】地上11階建ての駅ビル完成で駅名を改称した現小田急の町田駅

混乱を避けるためであった。

　横浜線・原町田駅【写真❷】より後発の新原町田駅だが、当駅の方が都心・新宿へ出るのに便利なため徐々に中心駅となり、横浜線・原町田駅からの乗り換え客が増えていく。小田急【写真❸】と国鉄の両駅間は500mほど離れており、急ぐ通勤客は両駅間を駆け足で乗り換えたため、沿道の商店街は「マラソン通り」とも呼ばれていたという。

　小田急では同市の都市計画に基づいて1976（昭和51）年9月、線路を跨ぐ上に地下2階・地上11階の駅ビルを建設する【写真❹】。駅ビル完成を前にした同年4月、市名（1958年に町田市へ）にあわせて「町田駅」と改称。すると4年後の1980（昭和55）年4月、国鉄・横浜線も小田急に追随して「町田駅」へと改称する。同時に開業以来約70年間にわたって東側にあった駅（現町田市原町田4-1-1）を小田急・町田駅に近い現在地（町田市原町田1-1-36）に移転させている。

【写真❸】3階建て駅ビルができて、賑わい始めた頃の旧新原町田駅東口（1963年11月10日）＝提供：荻原二郎

下高井戸 ←日大前←下高井戸
しもたかいど　にちだいまえ　しもたかいど

京王電鉄 京王線

DATA 下高井戸駅←日大前駅＝1944年6月1日 ◇日大前駅←下高井戸駅＝1938年3月25日／所在地：東京府荏原郡
松沢村七軒町付近（現世田谷区松原3-29-17）／設置者：京王電気軌道／開業日：1913年4月15日

6年余の短命だった「日大前駅」

「京王電気軌道」（現京王電鉄）が1913（大正2）年4月、笹塚～調布間を開業した際に中間駅として「下高井戸駅」を開設した。呼称は駅北側を東西に走る甲州街道、旧下高井戸宿（現杉並区下高井戸付近）から採っている。1925（大正14）年5月、駅南側に玉川電鉄・下高井戸線（現世田谷線）の同名駅「下高井戸駅」も開業する。地名・高井戸は「村内の小高いところに水が湧いていた井戸があったから」（杉並区教委「杉並の地名」）などの諸説がある。

それから12年の歳月が流れた1937（昭和12）年、日本大学予科（現日大文理学部）が駅南西側に開学した【写真❶】。そこで京王では翌1938（昭和13）年3月に「日大前駅」と改称する。

しかし戦時の陸上交通事業調整法によって京王電軌は東京急行電鉄に吸収合併されたため、京王電軌線は「東急京王線」と改称される。

【写真❷】旧駅舎の下高井戸駅（1961年）。2200系車両が通過している＝提供：世田谷区立郷土資料館

【写真❸】線路を越えて駅舎の北側へ向かうとアメ横風の商店街に出会う＝撮影：田口政典

すると東急では当駅の真南に乗り入れていた自社線（当時「東急下高井戸線」で現「世田谷線」）の駅名にあわせて、日大前駅を「下高井戸駅」【写真❷・❸】と改称。日大前駅はたった6年余の短命で1944（昭和19）年6月、下高井戸駅に戻るのである。旧京王と東急下高井戸線は同じ路面電車のゲージ（1372㎜）だったため、一時期には線路が接続していたこともあった。

戦後は「京王帝都電鉄」（現京王電鉄）と東急電鉄が分離したため、両社の駅【写真❹】は分かれて現在に至る。

【写真❶】旧日大前駅命名の謂れとなった現日本大学文理学部の校舎までは駅から10分ほどかかる

【写真❹】円形のモダンなデザインに改築された現下高井戸駅

観光を意識し新たに「○＋○駅」に

桜上水 ←京王車庫前←北沢車庫前
さくらじょうすい　けいおうしゃこまえ　きたざわしゃこまえ

京王電鉄 京王線

DATA 桜上水駅←京王車庫前駅＝1937年5月1日 ◇京王車庫前駅←北沢車庫前駅＝1933年8月11日／所在地：東京府荏原郡松沢村字上北沢（現世田谷区桜上水5-29-52）／設置者：京王電気軌道／開業日：1926年4月28日

【写真❶】半世紀前の平屋建ての木造・桜上水駅（1961年）＝提供：世田谷区立郷土資料館

【写真❷】以前の桜上水駅で屋根の形が変わっている（1980年3月8日）＝撮影：田口政典

「桜並木」＋「玉川上水」で駅名に

「京王電気軌道」（現京王電鉄）が「玉南電気鉄道」（府中〜東八王子間を建設）を合併させた1926（大正15）年4月、車庫を笹塚駅から移転した時に「北沢車庫前駅」で開業する。車庫名の北沢は字名（荏原郡松沢村字上北沢）にちなむが、地名は「世田谷7沢のひとつの北沢から」（角川版）という。車庫はその後に桜上水工場、桜上水検車区、若葉台検車区桜上水派出所となって現在に至る【写真】。

7年後の1933（昭和8）年8月には、「北沢」から社名を冠した「京王車庫前駅」と改称する。改称から4年後の1937（昭和12）年5月には早くも「桜上水駅」【写真

❶・❷】と改称した。改称理由は京王電軌の駅名観光化の一環としたもので、駅の北側を流れる玉川上水【写真❸】の土手の桜並木を名所とする目的があったからだ。「桜並木」の「桜」と、「玉川上水」の「上水」を重ねた複合駅名である。

車庫以外にとりわけ特徴のなかった駅周辺は、桜の名所としてのイメージも浸透。そこで地元・世田谷区では1966（昭和41）年10月の住居表示で、知名度の高い駅名・桜上水を正式な行政上の町名として採用した。

以前は北口と南口にそれぞれ駅舎【写真❹】があり、構内踏切の地下道で結んでいたが、2008（平成20）年の橋上化で現駅舎になった。

【写真❸】春になると玉川上水沿道には桜が満開となり、花見客は当駅から向かう

【写真❹】ビルに囲まれるような雰囲気の、高架線となってからの現桜上水駅

区またぎの移転で難航する「名前」探し

八幡山 ←松沢
(はちまんやま) (まつざわ)

京王電鉄 京王線

DATA 八幡山駅←松沢駅＝1937年9月1日／所在地：東京府荏原郡松沢村字八幡山付近（現杉並区上高井戸1-1-11）／設置者：京王電気軌道／開業日：1918年5月1日

旧村の鎮守神社名などを
参考に命名

「京王電気軌道」（現京王電鉄）が1918（大正7）年5月、笹塚～調布間を開業した時に開設した駅で、当初は地名（荏原郡松沢村）から採って「松沢駅」といった。当地には1919（大正8）年11月に「東京府立松沢病院」が巣鴨から移転してくることになっていたので、開院に先立って駅を設置した。地名・松沢は「付近に松と沢があったから」（通説）という。

1937（昭和12）年頃に駅は、当時の世田谷区上北沢町から数十メートル西側の区境を越えて、当時の杉並区上高井戸に移設する（京王電鉄広報担当でも「移設理由は不明」という）。

京王では1937（昭和12）年5月と同年9月の2回にわたり、沿線のイメージアップと行楽客を増やすため、駅名を一斉に改正する。1回目の京王車庫前→桜上水、

【写真❶】現在の駅名由来といわれる八幡山社は駅から遠い場所にある

百草→百草園、関戸→聖蹟桜ヶ丘、高幡→高幡不動、多摩川原→京王多摩川など（86頁参照）はすんなり決まったが、移設を機に改称を目論んだ八幡山駅と芦花公園駅では難航、2回目へとずれ込んだ。

旧松沢駅の移転先、杉並区上高井戸付近には既に「上高井戸駅」（現芦花公園駅）があったので、同名の「上高井戸」とは命名できなかった。そこでふさわしい名称はなものかと検討。直線距離で1km以上離れてはいたが、京王は神社「八幡社」【写真❶】に目を止めた。八幡社は旧松沢村の鎮守でもあるし、新八幡山駅の南口からすぐ先は「八幡山町」という町名だ。八幡山駅でも違和感はなかった。こ

【写真❷】「松沢駅」から「八幡山駅」と改称しイメージチェンジを図った（1961年）＝提供：世田谷区立郷土資料館

うして2回目の改称化である1937（昭和12）年9月、「八幡山駅」【写真❷・❸・❹】として再出発することになった。いっぽうの上高井戸駅は、駅名観光化も意図して芦花公園駅と改称することでまとまった。

駅名に「山」を付けるのは、鉄道会社の経営戦略上の意味合いも読み取れる。私鉄では低地や谷にあってもブランド化を意識。当駅を始め「代官山」「大岡山」（東急）、「浜田山」（京王）などに共通性が見られる。他方、東京の旧国鉄駅にはこうした観光用の「山駅」の名称が存在しないことは興味深い。

【写真❸】高架となって間もない頃の駅舎（1992年5月8日）＝撮影：田口政典

【写真❹】やや改修の跡が見える現八幡山駅は、かつてはやや東側にあった

文豪の名前にちなんだ公園名から採用

芦花公園 ←上高井戸
（ろかこうえん） （かみたかいど）

京王電鉄 京王線

DATA 芦花公園駅←上高井戸駅＝1937年9月1日／所在地：東京府荏原郡千歳村南原付近（現世田谷区南烏山3-1-16）／設置者：京王電気軌道／開業日：1913年4月15日

高井戸宿から観光地名に
時代を更新

「京王電気軌道」（現京王電鉄）が1913（大正2）年4月、笹塚～調布間を初めて開業した際に開設した駅である。駅所在地の地名（荏原郡千歳村）ではなく、「下高井戸駅」（68頁参照）と同様に、知名度が高い甲州街道の旧上高井戸宿【写真❶】にちなんで命名した。

しかし、京王電軌は1937（昭和12）年5月と9月の2回にわたり、沿線のイメージアップと行楽客を増やすために駅名の一斉改称に踏み切る。当駅も改称することになり、ふさわしい候補を検討。すると文豪・徳富蘆花の旧宅が1938（昭和13）
（とくとみろか）

【写真❶】初代「上高井戸」の由来となった旧上高井戸宿のいま（現在の新旧甲州街道分岐点）

【写真❷】作家・徳富蘆花の旧宅は芦花恒春園となり人々が訪れる観光地となった

【写真❸】芦花の旧宅に近いことから芦花公園駅と改称された（1992年）＝提供：田口重久

【写真❹】現在の芦花公園駅は橋上駅舎に改築している

年2月、公園として開園【写真❷】されるとの情報を得る。同公園は当地を深く愛した芦花が1907（明治40）年、青山から当地に転居した際に自宅を「恒春園（こうしゅんえん）」と命名し、芦花の死亡後に東京市に寄贈されて公園としたものだ。

こうしてオープン（現都立芦花恒春園）に先立つ1937（昭和12）年9月、京王は上高井戸駅を「芦花公園駅」【写真❸・❹】と改称する。

「千歳烏山駅は、既に昭和4年段階で烏山駅から千歳烏山駅に改称している。千歳という縁起のいい名を加えたのだし、そのまま残したい。後は沿線の印象をよく

するいい名がないか周辺を探すと、八幡社にちなむ八幡山という町名があった。これを使えばいい。すると八幡山と芦花恒春園の位置関係からいって、新宿寄りから順に八幡山、芦花公園駅となる。命名に当たって電鉄会社では、こんな感じだったのではないか」（内田宗治「駅名の秘密」）と由来を想像する。

鉄道会社開発の第1号高級住宅地で導入

つつじヶ丘（おか）←金子（かねこ）

京王電鉄 京王線

DATA　つつじヶ丘駅←金子駅＝1957年5月15日／所在地：東京府北多摩郡神代村字金子（現調布市西つつじヶ丘3-35-1）／設置者：京王電気軌道／開業日：1913年4月15日

初代の「金子」は字名が由来

「京王電気軌道」（現京王電鉄）が1913

（大正2）年4月、開業した笹塚〜調布間の途中駅に「金子駅」として設置した駅。字名（北多摩郡神代村字金子）が由来で、

「武蔵七党のひとつである村山党の金子家忠一族がこの辺りに住んでいたから」（「多摩駅名の由来」）という。

京王電軌は「軌道＝路面電車」という社名の通り、この付近では旧甲州街道の路面上（併用軌道）を走っていた。とはいえ当時はホーム（安全地帯）もなく、道路から直接に乗降していた。金子駅付近のルートは1927（昭和2）年12月、現つつじヶ丘1号踏切の東側に専用軌道として付け替えて走行するようになる。旧駅付近のバス停には「金子」の名が残る【写真❶】。

「京王帝都電鉄」と改称した京王は1957（昭和32）年5月、「つつじヶ丘駅」【写真❷・❸】と改称する。改称について同電鉄では「国鉄八高線に同名の駅があって、連絡運輸上混同を生ずる恐れがあったことと、当社が開発した第1号の高

【写真❶】旧称の金子駅を偲ばせる「金子バス停」が付近に立っていた

級住宅地・つつじヶ丘団地の下車駅として、駅名を明確にしたいということが理由であった」（「京王帝都電鉄30年史」）と記

【写真❷】木造駅舎時代の旧つつじヶ丘駅（1967年）＝提供：調布市郷土博物館

【写真❸】エスカレーターも付いて大きな駅となった現つつじヶ丘駅

録している。

つつじの愛称を付けたのは「江戸時代にある商人がこの地に別荘を建てた際に、つつじが有名だった百人町（現新宿区）のつつじを移植したのをきっかけに、この地につつじが多く植えられるようになった」（「同30年史」）とのことだ。付近にはつつじ園という植物園もあった。なお行政上の地名は1968（昭和43）年5月の住居表示で、「東つつじヶ丘」と「西つつじヶ丘」となっている。もっとも京王のつつじヶ丘住宅地は駅がある調布市ではなく、そのほとんどが三鷹市中原だという。

西調布 ←上石原
にしちょうふ　　　かみいしはら

京王電鉄 京王線

DATA 西調布駅←上石原駅＝1959年6月1日／所在地：東京府北多摩郡調布町上石原（現調布市上石原1-25-17）／設置者：京王電気軌道／開業日：1916年9月1日

知名度の高い「調布」にあやかる

「京王電気軌道」（現京王電鉄）が1916（大正5）年9月、調布駅〜飛田給駅間が延伸開業した際に「上石原駅」【写真❶】で設置した。駅名称は甲州街道の宿場であった布田五宿（国領・下布田・上布田・下石原・上石原）のひとつである、当時の字名・上石原（北多摩郡調布町字上石原）が由来だ。上石原は

【写真❶】初代駅名「上石原駅」時代（1955年頃）の駅舎＝提供：かれーや

「多摩川が近くを流れていて、一面に川原の石におおわれていたからかもしれない」（「多摩駅名の由来」）という。

この地はその昔「地形は平たんであるが、南方に高さ1丈ほどの崖線が東西に走り、その崖下が往古の多摩川の水路であった」（「新編武蔵」）とされる。

1955（昭和30）年4月の市制施行で調布市は、大東京の近郊都市として大きく発展していく。そこで発展・調布にあやかり「市の中心・調布の西にある駅」として、設置から半世紀ほどたった1959（昭和34）年6月に「西調布駅」【写真❷・❸】と改称、今日に至る。

【写真❸】高架化とともに見違えるほどの立派な駅舎となった現西調布駅

【写真❷】改称後の西調布駅（1967年）＝提供：調布市郷土博物館

「車が引き返す」の珍しい地名から採用

武蔵野台 ← 車返
むさしのだい　　くるまがえし

京王電鉄　京王線

DATA 武蔵野台駅←車返駅＝1959年6月1日／所在地：東京都北多摩郡多磨村字車返（現府中市白糸台4-18-4）／設置者：京王電気軌道／開業日：1916年10月31日

市内には紛らわしい「武蔵台」も

「京王電気軌道」（現京王電鉄）が1916（大正5）年10月、飛田給駅～府中駅間を延伸開業した時に多磨（現多磨霊園）・府中の各駅と同時に設置された駅。「車返駅」【写真❶】という珍名駅だが、字名（北多摩郡多磨村字車返）が由来だ。地名・車返は「道が険しく車が引き返さなければならない地点」をいい「この地の崖上に通じていた古街道が崩れるため、車止めになることが多かったことにちなむ」（「府中市史」）という。旧多磨村の一字地・車返だったが自立して車返村となり、1889（明治22）年4月に同村など8カ村が合併し再び多磨村となっている。

1959（昭和34）年6月には「武蔵野台駅」【写真❷・❸】と改称する。ただ武蔵

野台地は多摩地域の大半を占めるほど広い定義だが、ここ府中に限定してのイメージアップのために命名したようだ。地名として定着した感がある武蔵野台だが、府中市内には行政上の町名としての武蔵野台は存在しない。地名・車返は改称から半世紀以上たったいまでも、団地や郵便局、個人商店などに残る。

「白糸台」（多摩川線＝58頁参照）や「ときわ台」（東武東上線＝38頁参照）など、「台」という駅名はこの時代には各地で見られる。府中市には「武蔵野台」の「野」のない「武蔵台」という町名もあるが、当駅からは6kmほど離れている。ちなみに町名・武蔵野台は福生市に存在する。

【写真❷】木造時代の旧武蔵野台駅（1989年1月）＝提供：府中市

【写真❶】京王帝都電鉄の車返駅時代のホームとデハ2500形電車（終戦時代）＝所蔵：個人

【写真❸】ビル風の駅舎に建て替えられた威厳に満ちた武蔵野台駅

多磨霊園 ←市公園墓地前←多磨

（たまれいえん）（しこうえんぼちまえ）（たま）

京王電鉄 京王線

DATA 多磨霊園駅←市公園墓地前駅＝1937年5月1日 ◇市公園墓地前駅←多磨駅＝1932年12月8日／所在地：東京府北多摩郡多磨村字車返付近（現府中市清水が丘3-26-11）／設置者：京王電気軌道／開業日：1916年10月31日

「多摩村」ありきで、「多磨村」へ

「京王電気軌道」（現京王電鉄）が新宿から府中まで開業した1916（大正5）年10月、「多磨駅」で開業。駅名は地名（旧北多摩郡多磨村）が由来。ただ地名の多磨は「村の発足に当たって村名を郡名から取って多摩村にしようとした。しかし既に南多摩郡に多摩村があったため、やむなく多磨村にした」（通説）という。

1923（大正12）年になるとまだ寒村風景だった北多摩郡多磨村に、建築家・井下清（1874〜1939年。作品に伊勢神宮御遷宮など）の設計による、日本初の公園墓地となる東京市立多磨墓地【写真❶】が造られた。墓地へほどほどの距離にあった当駅は、東京市の範囲が郊外へと広がった1932（昭和7）年12月、「市公園墓地前駅」と改称する。

当駅舎は線路の北口に建ち、建物全体にアーチ（弓）型のカーブを施しつつ、寺社風の屋根に面格子風の飾り窓などを配するなど、霊園にふさわしい雰囲気を漂わせた。

しかし墓地は当駅から約1500m、徒歩で20分もかかるため、「墓地の前」の名称にやや違和感があった。そこで1937（昭和12）年11月、駅名から「前」を取り、正式な霊園名にあわせて「多磨霊園駅」【写真❷】と改称した。

終戦直後にホームを連絡する地下通路を設けたが、同時に駅舎は建て替えられている【写真❸】。しかし2010（平成22）年11月、高架化に伴って橋上駅となり、同時に南口が新設された【写真❹】。現在では多くの参詣者は、当駅から霊園までのバスで移動している。

【写真❶】当駅からはやや遠いとされる多磨霊園へは当駅からバス便がある

【写真❷】近くの多磨霊園にちなんで寺院風の駅舎にした（1956年頃）＝提供：京王電鉄

【写真❸】寺院風駅舎から一般的なデザインの建物へ建て替えられた駅舎（2005年12月）

なお近くを走る「西武鉄道多摩川線」に「多磨駅」がある（56頁参照）が、こちらは開業時の「多磨墓地前駅」から現駅名へと改称している。

【写真❹】橋上化して建て替えられた現在の北口駅舎で、京王電鉄の駅舎は駅ごとに個性を持つ

競馬場の転入で駅名調整し新名へ

東府中 ←八幡前
（ひがし ふ ちゅう） ←（はちまんまえ）

京王電鉄 京王線

DATA 東府中駅←八幡前駅＝1937年9月1日／所在地：東京府北多摩郡多磨村字府中付近（現府中市清水が丘1-98-3）／設置者：京王電気軌道／開業日：1916年10月31日

開業時の「八幡前」は神社が由来

「京王電気軌道」（現京王電鉄）が飛田給～府中間を延伸敷設した1916（大正5）年10月、「八幡前駅」で開業。場所は現在地より500mほど東側に位置していた。呼称の由来は、近くの神社・武蔵国府八幡宮（現府中市八幡町2-33【写真❶】）にちなむ。神社は武蔵国の守護神として建立され、江戸名所図会等にも描かれている名刹だ。いま宮司等は不在で、近くの大國魂神社が管理している。

その後の1933（昭和8）年11月、目黒にあった目黒競馬場が借地料の増加や手狭になったため、現在の「東京競馬場」【写真❷】へ移転してくる。そこで京王電気軌道では競馬場開場から2年後

の1935（昭和10）年11月、競馬ファンの送迎のための「臨時競馬場前駅」を設置した。

臨時競馬場の開設を機に八幡駅は、府中駅の東側にあったことから1937（昭和12）年9月に分かりやすい「東府中駅」【写真❸・❹】と改称する。当駅は1940（昭和15）年10月、新宿寄り500mにあった臨時

【写真❶】初代「八幡前」の由来となった武蔵国府八幡宮は京王線の線路沿いにある

【写真❷】目黒競馬場の閉鎖に伴い開場された府中競馬場＝出典：「京王帝都電鉄30年史」

【写真❹】四角いビル型に改築された立派な現駅舎

【写真❸】改称後の現東府中駅で踏切が見える（1956年）＝提供：府中市

競馬場前駅を統合し新たな東府中駅となって現在に至る。

なお京王帝都電鉄(現京王電鉄)では国鉄・下河原支線(東京競馬場線)など

との競馬ファン集客競争に伴い1955(昭和30)年4月、当駅から分岐する枝線(京王競馬場線)を敷き、競馬場の目前に「府中競馬場正門前駅」を設置した。

「鎌倉時代の古戦場」にちなみ改称

分倍河原 _{ぶばいがわら} ←屋敷分 _{やしきぶん}

京王電鉄 京王線

DATA 分倍河原駅←屋敷分駅＝1929年5月1日／所在地：開業時：東京府北多摩郡府中町字屋敷分(現府中市片町2-21-18)／設置者：玉南電気鉄道／開業日：1925年3月24日

後追いで京王と同じ「分倍河原」に

現在の「分倍河原駅」には「京王電鉄線」と「JR南武線」が乗り入れている。

先に開業したのは、現京王電鉄の前身鉄道「玉南電気鉄道」。1925(大正14)年3月、府中〜東八王子間に敷設した時に「屋敷分駅」が設置された。呼称の来歴は地名(北多摩郡府中町字屋敷分)。屋敷分は「かつてこの地に六所宮(大國魂神社)から分かれた社司があったことにちなむ」(「武蔵名称」)という。

玉南電鉄は京王電軌のダミー会社で、京王が府中〜八王子間を結ぶ目的を持って立ち上げた会社。京王は資金難から府中以西の建設を断念するが、国の補助金を得るために京王電軌と同じ軌道法(路面電車の併用軌道)ではなく、省線と同じ地方鉄道法(専用軌道)で出願した。しかし省線・中央線と併行しているとの理由で補助金が認められず、最終的に京王が全線の工事負担で建設することになる。

JR南武線の前身の「南武鉄道」の屋敷分駅は、玉南電鉄駅より3年遅い1928

【写真❷】木造の切妻屋根時代の分倍河原駅(1959年頃)＝出典：「府中市史編さんだより」

【写真❶】改称直後の分倍河原駅(1935年)。南武鉄道の文字も見える＝出典：「府中市史編さんだより」

（昭和3）年12月、大丸（現南多摩駅）～当駅間が開業した際に終点駅として設置された。

だが京王では南武鉄道駅開業の翌1929（昭和4）年5月、「分倍河原駅」【写真❶・❷】と改称した。その名は近くにある、鎌倉幕府を倒すために挙兵した新田義貞と北条康家が闘った「分倍河原古戦場」【写真❸】から取った。いわゆる京王電軌の「駅名観光地化」の一斉改名の一環である。

【写真❸】駅名由来の分倍河原古戦場跡の碑が駅近くに立つ

【写真❹】移転した分倍河原駅でほぼ現駅舎と同じだ＝提供：府中市

京王ではあわせて同1929（昭和4）年5月に南武鉄道との連絡のために、旧甲州街道側から南武鉄道駅側に駅を移転している【写真❹】。そこで南武鉄道でも立川駅まで延伸したのを機に、京王電軌の駅改称から7カ月後の1929（昭和4）年12月に「分倍河原駅」と改称した。

「天皇行幸地」と「桜」の合成で命名

聖蹟桜ヶ丘 ←関戸
せいせきさくらがおか　　せきど

京王電鉄 京王線

DATA　聖蹟桜ヶ丘駅←関戸駅＝1937年5月1日／所在地：東京府南多摩郡多摩村関戸（現多摩市関戸1-10-10）／設置者：玉南電気鉄道／開業日：1925年3月24日

「多摩聖蹟記念館」開設を機に改称

当駅は「玉南電気鉄道」（現京王電鉄）が1925（大正14）年3月、府中～東八王子間を開業した時に設置された。当初は「関戸駅」で字名（南多摩郡多摩村字関戸）から命名した。関戸は「1213（建暦3）年に鎌倉街道へ設置した『霞ノ関』という関所の入口であったことが由来」（通説）とされる。

当地周辺に1881（明治14）年頃、明治天皇が訪れて狩猟を行ったところから、天皇の狩猟場に指定された。大正に入り、狩猟場は廃止されたが1930（昭和5）年、明治天皇が詠んだ歌の歌碑や騎馬像などを展示する「多摩聖蹟記念館」（旧館名＝現在は「旧多摩聖蹟記念館」）【写真❶】）が都立桜ヶ丘公園内に建設された。「聖蹟」は天皇が訪れた地（行幸）をいう。

いっぽうで当地には、桜の名所で知られる美しい丘があった。観光化をめざしていた京王電軌で

【写真❶】駅名改称のきっかけとなった旧多摩聖蹟記念館の開館

【写真❷】改称した聖蹟桜ヶ丘駅
（1955年頃）＝提供：京王電鉄

は1937（昭和12）年5月、天皇行幸地の「聖蹟」と「桜名所」をあわせて「聖蹟桜ヶ丘駅」【写真❷】と改称。これは南武鉄道（現JR南武線）が、聖蹟記念館開館の翌1931（昭和6）年に「多摩聖蹟口駅」（現南多摩川駅＝25頁参照）を一足先に開業したからだ。

京王としては「ウチの関戸駅の方が（記念館に）はるかに近いのに、指をくわえてみているだけじゃイカン、と改称候補に挙げたのではないだろうか」（今尾「駅名学入門」）と推測する（実際は両駅からも結構遠い）。駅名に「口」を付けるのは「高尾山口」（京王線）など、観光地・施設などに「やや近い」「出入口」とする微妙な距離を表している。

京王帝都電鉄（現京王電鉄）は1960（昭和35）年頃、駅南側の丘陵地に宅地開発を行い「京王桜ヶ丘住宅」として分譲した。人口も増えたことに伴い多摩市では1962（昭和37）年、行政上の地名を「桜ヶ丘」と改称している。なお当駅駅前には京王百貨店の支店や、京王電鉄本社ビルが構える「京王のお膝元」【写真❸】でもある。

戦後のある一時期、「ヶ丘駅」の駅名を付けるのが流行した。沿線のイメージアップに結び付く「ヶ丘」は、小田急線小田原線の「百合ヶ丘」、京王電鉄京王線の「つつじヶ丘駅」などが追随している。私鉄ではほかに「山」「野」などを増やして好感イメージの駅を増やしていったが、近年ではカタカナ英語の駅（山手線「高輪ゲートウェイ駅」など）が流行しているように見える。

【写真❸】駅前には京王電鉄本社も建つ現聖蹟桜ヶ丘駅

省線駅との関係を変えて会社名を冠に

京王八王子 ←東八王子
けいおうはちおうじ　ひがしはちおうじ

京王電鉄 京王線

DATA｜京王八王子駅←東八王子駅＝1963年12月11日／所在地：東京府八王子市明神町（現八王子市明神町3-27-1）／設置者：玉南電気鉄道／開業日：1925年3月24日

都市計画での駅舎移転時に名称変更

「玉南電気鉄道」（現京王電鉄）が1925（大正14）年3月、府中から延伸させた時に終点の「東八王子駅」【写真❶】として開設。所在地は甲州街道に突き当たる

【写真❶】玉南電車時代の終点・東八王子駅。珍しい箱型のバスが見える（1925年）＝出典：「京王電鉄30年史」

【写真❷】空襲で焼失した後にバラックのような駅舎で営業を続けた（1962年）＝出典：京王帝都電鉄30年史」

ような場所にあった。その呼称は地名（八王子市明神町）からではなく、省線（国鉄）・八王子駅の東側にあったことから付けられた。駅舎は平らな陸屋根風の2階建てで、正面壁には社紋を囲むように「玉南電車」の文字を掲げた。

この玉南電鉄は翌1926（昭和元）年12月に京王電気軌道へ合併（元来同じ会社）となり、当駅〜新宿追分間の直通運転が開始される。京王では大正天皇の御陵への路線（御陵線）を当駅から延伸させようとしたが、八王子市会の「町が分断される」という反対にあって断念し、北野駅分岐で敷設している。

戦時の1945（昭和20）年8月の八王子空襲で駅舎は全焼してしまったので、終戦後にはバラックのような簡素な建物で復旧させた【写真❷】。

1963（昭和38）年12月には八王子市の都市計画（放射線道路建設）により、駅を200mほど南側の現在地に移転して新築している。この時に「京王八王子駅」【写真❸】と改称している。

その理由としては、京王八王子は国鉄（現JR）八王子駅と400mほど離れており、乗り換え客などに不便をかけていた。国鉄・八王子駅近くへの乗り入れも幾度となく試みたが、実現に至っていない。

現在JR八王子駅前に京王電鉄系の京王プラザホテルが建つが、駅の設置予定地として取得したという経緯も背景にある。

駅舎は繰り返し改修されるも、1989（平成元）年4月に地下駅化される。1994（平成6）年9月には新築された地上11階・地下1階の駅ビル「KEIO21」（現京王ショッピングセンター【写真❹】）の地下部に入り現在に至る。

【写真❸】開業時の地点から南東側に移転。駅舎新設にあわせて「京王八王子駅」に改称（1964年）＝提供：八王子郷土資料館（撮影：清水正之）

【写真❹】地上11階の駅ビルの地下に駅は入って様相は一変した

明大前
めいだいまえ

←松原←火薬庫前／明大前←西松原
まつばら かやくこまえ めいだいまえ にしまつばら

京王電鉄 京王線・井の頭線

DATA 京王線：明大前駅←松原駅＝1935年2月8日 ◇松原駅←火薬庫前駅＝1917年 ◇井の頭線：明大前駅←西松原駅＝1935年2月8日／所在地：東京府荏原郡松沢村大字松原字七軒町付近（現世田谷区松原2-45-1）／設置者：京王電気軌道・帝都電鉄／開業日＝京王電軌線：1913年4月15日 ◇帝都電鉄線：1933年8月1日

交差地点の駅移設で「明大前」誕生

「京王線」と「井の頭線」の交差駅だが、開業時は鉄道会社が違っていた。

まず1913（大正2）年4月、「京王電気軌道」（現京王電鉄）が笹塚〜調布間を敷設。この地に「火薬庫前駅」を設置した。駅名は付近に「陸軍省和泉新田火薬庫」が所在していたので名付けられた。ちなみに同火薬庫は、江戸幕府が1750（宝暦）年代に設置した「和泉新田御塩硝蔵」で、いわゆる鉄砲・火薬の貯蔵庫が起源である（杉並区HP）。なお駅は現在地から300mほど西側に位置していた【写真❶】。

火薬庫は大正末に廃止されたので1917（大正6）年、地名「荏原郡松沢村大字

【写真❶】火薬庫があったことを示す解説板が甲州街道沿いに立つ

松原」にあわせて「松原駅」と改称。松原は「世田谷城主の吉良氏の家臣・松原佐渡守の3兄弟が松原宿を開き、その宿の商人らがこの辺りを開墾したので、松原と称するようになった」（角川版）という。

火薬庫前駅の開業から20年が経った1933（昭和8）年8月、渋谷〜吉祥寺間の開業をめざした「帝都電鉄」（京王井の頭線）が、渋谷〜井の頭公園間を敷設した際に、途中駅として地名「荏原郡松沢村大字松原」にちなみ「西松原駅」を開設。同駅南東側に「東松原駅」があったので「西」の冠を付けたのである。しかし京王電軌線の「松原駅」と当西松原駅は別々の場所にあった。

こうした中、1934（昭和9）年4月、京王電軌線と帝都電鉄線の交差地点に明治大学予科が現在地（当時杉並区和泉町）に移転してくる。そこで、京王電軌では翌1935（昭和10）年2月、松原駅を帝都電鉄・東松原駅と同じ場所に200mほど東側に移転させ、「明大前駅」【写真❷・❸・❹】と改称した。

いっぽうの帝

【写真❷】右書きのひらがなの駅名版が時代を感じさせる（1921年頃）＝出典：『図録明治大学百年』

【写真❸】切妻屋根に横長の雨除けが施された
前明大前駅（1921年）＝世田谷区郷土資料館

【写真❹】3階建ての建物に
改築された現在の明大前駅

【写真❺】現駅名由来の明治大学
和泉校舎には徒歩5分ほどで着く

都電鉄も京王駅移転と同時に「明大前駅」
と変更。明治大学【写真❺】を当地に誘致
した当時の京王電軌社長・井上篤太郎
と、帝都電鉄を発起した当時の小田原急

行鉄道（現小田急電鉄）社長・利光鶴松
の「2人の明治法律学校（現明治大学）出
身者の尽力もあり、1934（昭和9）年4月
からの和泉キャンパスでの授業開始に伴
い、京王電軌の『松原』駅を帝都電鉄『西
松原』駅に移設する。そして翌1935（昭
和10）年2月、駅名を『明大前』駅に改称
し、同年3月から共同使用を開始した」
（明大資料センターHP）とされる。

広大な東大敷地で東西の2駅を設置

駒場東大前 ←東大前←一高前←東駒場
こまばとうだいまえ　とうだいまえ　いちこうまえ　ひがしこまば

京王電鉄 井の頭線

DATA 駒場東大前駅（駒場駅統合）←東大前駅＝1965年7月11日 ◇東大前駅←一高前駅＝1951年12月1日 ◇駒場駅←西駒場駅＝1937年8月1日 ◇一高前駅←東駒場駅＝1935年8月10日／所在地：東京市目黒区駒場町（現目黒区駒場3-9-1）／設置者：帝都電鉄／開業日：1933年8月1日（東駒場駅・西駒場駅）

「西駒場」は「東大前」合併で廃止

　現在の「駒場東大前駅」の改称経緯は
2つに大きく分かれる。敷設したのは「帝
都電鉄」（現京王電鉄）で、1933（昭和
8）年8月に東京帝国大学（現東京大学）
の通学のために「西駒場駅」と「東駒場
駅」の両駅で開業した【写真❶】。帝大
付近に2駅を同時開業したのは、同大キ
ャンパス（現キャンパスI・II）が広大で、東

【写真❶】東西の駒場駅が見える帝都
電鉄路線図＝出典:「帝都電鉄路線図」

【写真❷】線路にはさまれて「一高前駅」のホームはあった(1936年頃)＝提供：東京大学大学院総合文化研究科教養学部駒場博物館

【写真❸】「西駒場駅」「一高前駅」を改称し「東大前駅」となる(1963年4月)＝撮影：荻原二郎

学校(一高)が本郷から当地に移転してきたため1935(昭和10)年8月、東駒場駅は「一高前駅」【写真❷】と改称する。いっぽう校門から離れていた西駒場駅の方は、2年後の1937(昭和12)年8月に「駒場駅」へと改称した。

終戦後の学制改正によって一高が新制・東京大学(東大教養学部)へ変更されると1951(昭和26)年12月、一高前駅は「東大前駅」【写真❸】と改称する。しかし一高前駅と駒場駅間の距離は400mほどしかなかったため、1965(昭和40)年7月に東大前駅と駒場駅(廃止扱い)は統合。現在の「駒場東大前駅」【写真❹】に改称された。

【写真❹】現在の駅の形となった頃の駅舎(1978年2月3日)＝撮影：田口政典

西両駅を設置しても支障がなかったことにある。駅名は地名(東京市目黒区駒場町)が由来で、駒場とは「昔この辺りが一面熊笹におおわれた草深い野原で、馬の放牧が盛んに行われた」(「むかし物語」)という。

その後に帝大の学制変更があり、同大農学部と用地交換をした際に第一高等

娯楽施設「京王閣」の開業を機に改称

京王多摩川 ←多摩川原
けいおうたまがわ　　たまがわら

京王電鉄 相模原線

DATA｜京王多摩川駅←多摩川原駅＝1937年5月1日／所在地：東京府北多摩郡調布町下布田(現調布市多摩川4-40-1)／設置者：京王電気軌道／開業日：1916年6月1日

砂利採取地の多摩川にちなみ命名

「京王電気軌道」(現京王電鉄)が1916(大正5)年6月、調布駅から分岐する多摩川支線(現相模原線)終点の「多摩川原駅」【写真❶】を開設した。現相模原線では最古の駅となる。当駅名が多摩川原と命名されたように、支線敷設の目的は多摩川原で採取した砂利の運搬で、いわゆる「砂利鉄」であった。

【写真❶】大正時代の「多摩川原駅」の待避線の設置願＝所蔵：国立公文書館

【写真❷】二重屋根の「京王多摩川駅」（1958年頃）＝提供：京王電鉄

しかし旅客用としても利用したかった京王は1927（昭和2）年6月、駅前には大浴場や演芸場などを擁する大規模娯楽施設「京王閣」を開園させる。すると園へはレジャー客が増え、当駅は旅客駅の様相を高めていく。1934（昭和9）年には日活多摩川撮影所が新設され、「東洋のハリウッド」と呼ばれるほどの映画産業の町ともなる。そこで1937（昭和12）年5月には京王での駅名観光化もあって、近くを流れる「多摩川」に「京王」を冠した現在の「京王多摩川駅」【写真❷】と改称する。

しかし戦時色が強まると京王閣は軍部に接収され、終戦後の1947（昭和22）年に売却され幕を閉じる。落ち着きを取り戻した1949（昭和24）年9月には敷地の一部を使った「京王閣競輪場」【写真❸】がオープン。さらに1955（昭和30）年4月には「京王遊園」（1971年閉園）や、「京王百花苑」（旧京王菖蒲園）などが増え、駅は再び賑やかさを取り戻した【写真❹】。

1966（昭和41）年12月、東京への移住人口の住まいを確保するために多摩ニュータウン建設が始まる。1971（昭和46）年3月から入居が始まるが京王（当時「京王帝都電鉄」）では翌月の1971（昭和46）年4月、当駅から京王よみうりランド駅まで延伸させるとともに、路線名を盲腸線の「多摩川線支線」から「相模原線」と変更した。路線の目的地・多摩ニュータウンへの乗り入れが実現するのは、3年後の1974（昭和49）年10月である。

【写真❸】旧「京王閣」の跡地で運営されている「京王閣競輪場」

【写真❹】やや南側に移設された高架化の現京王多摩川駅

観光駅名化への移行で一斉に改称

【写真❶】松原（現明大前）や北沢車庫前（現桜上水）。現在とは大きく異なる時代の路線図＝出典：「京王電車沿線名所図絵」（1930年）

昭和初期には国立公園法の施行等で、全国的に観光開発が進んでいた。「京王電気軌道」（現京王電鉄）も他の私鉄と同じように、沿線開発に精力を注ぐ。東京市内の寺院や競馬場の誘致などとともに、行楽施設「京王閣」も開業させて乗客増を目論む。

1937（昭和12）年2月、大日本電力社長・穴水熊雄が社長に就任すると、沿線の乗客誘致政策をさらに積極的に展開。その一環として採ったのが、駅名の観光化だ。地名を中心とした個性に乏しい呼称から、有名な観光施設等に近い駅（最寄り駅）を強調。好イメージの推進に伴う改称であった。

【写真❷】新宿追分駅から移転・改称して「四谷新宿駅」から自社名を冠に付けた「京王新宿駅＝出典：「京王電車回顧二十年」

そこで穴水は就任から3カ月後の1937（昭和12）年5月、早速10カ所の駅名の一斉改称に踏み切る【写真❶】。具体的には、四谷新宿駅→京王新宿駅【写真❷】、停車場前→省線新宿駅前、京王車庫前駅→桜上水駅、市公園墓地前駅→多磨霊園駅、関戸駅→聖蹟桜ヶ丘駅、百草駅→百草園駅、高幡駅→高幡不動駅、多摩川原駅→京王多摩川駅、横山駅→武蔵横山駅、御陵前駅→多摩御陵前駅である。

その後も松沢駅→八幡山駅、上高井戸駅→芦花公園駅など、観光駅化した数駅を追加して改称させた（70頁参照）。改称に際して地名由来は重視するが、中には自社車庫名「京王車庫駅」を、玉川上水畔の桜並木を売り出すために「桜上水駅」と改めたように、地名とは縁が薄い名称を創作したケースもある。

駅名の観光化で集客効果があったかは定かではない。だが今日まで継続使用されているのは、当時の経営者の狙いに間違いはなかったという証左であろう。

東急電鉄・京急電鉄

「碑文谷駅」で開業後に師範学校の誘致に成功し「青山師範駅」となる。学制改革に伴い「学芸大学駅」と改称するが、同大学は移転してしまう。だが移転後も住民の意向を受けて駅名は継続して使うことになる。開業時の「碑文谷駅」（左）と「旧学芸大学駅」＝提供：東急

強力経営者の意向を受けた改称も散見

　東急も駅名変更が多い。現東急電鉄（旧東京横浜電鉄）では、戦前戦後を通じの実力経営者の存在から、鉄道業界に大きな影響を与えていた。第3章で述べた近隣私鉄の合併もその一つであり、やむない駅名改称は行われている。

　とはいえ東急電鉄における駅名改称は強硬というより、住民の意向を反映した対応ぶりが伺われる。会社では「学芸大学駅」「都立大学駅」（88-89頁参照）では地元の意向を伺うためアンケートを実施し、駅名の継続を踏み切っている。「自由が丘駅」（いずれも東横線）でも自社提案の駅名から譲歩し、地元提案の駅名に改称した（90頁参照）。伝統ある「田園調布駅舎」の復元も、地元意見への対応である（93頁参照）。

　「京急電鉄」（旧京浜電気鉄道）でも、駅名改称はいくつか行われている。特に東京市内（品川）への乗り入れに伴う「品川駅→北品川駅」（本線＝111頁参照）や、「空港線」（旧穴守線）には神社移設に合わせた「羽田駅→穴守稲荷駅」（117頁参照）などの改称が見られる。

　同電鉄で特徴的なのは、10年ほど前からの駅名改称に準じた「副駅名」の積極的な取り入れであろう。「梅屋敷駅」（副駅名・東邦大学前）や「穴守稲荷駅」（副駅名：ヤマトグループ羽田クロノゲート前）などである。副駅名導入はその後も続き、社内プロジェクトを立ち上げて検討している。その結果、公募などで今日までに「鮫洲駅」（副駅名：鮫洲運転免許試験場）や「大森海岸駅」（副駅名：品川水族館）を始めとして、その数は10数駅にものぼる。

　副駅名は他社でも導入し、利用客からも「わかりやすい」として一定の効果を上げているようだ。

移転後もなお大学名にこだわるワケ

学芸大学 ←第一師範←青山師範←碑文谷

東急電鉄 東横線

DATA 学芸大学駅←第一師範駅＝1952年7月1日 ◇第一師範駅←青山師範駅＝1943年12月1日 ◇青山師範駅←碑文谷駅＝1936年4月1日／所在地：東京府荏原郡碑衾町大字碑文谷字鷹番（現目黒区鷹番3-2-1)／設置者：東京横浜電鉄／開業日：1927年8月28日

学校の移転・改称で次々と改名

「東京横浜電鉄」（現東急電鉄東横線）が1927（昭和2）年8月、渋谷～丸子多摩川（現多摩川）間を直通運転した時に開業。駅名は「碑文谷駅」【写真❶】で、所在地の大字名（荏原郡碑衾町大字碑文谷）が由来。地名・碑文谷は「碑文を掘った石のある里（谷）を意味する」（目黒区HP）という。

1936（昭和11）年には電鉄が誘致した、教員養成を主とする東京府青山師範学校が港区青山から移転してくる。そこで同年4月に「青山師範駅」と改称。1943（昭和18）年には師範教育令の改正が行われ青山師範学校（男子）と女子師範学校（女子）が統合、国立となり東京第一師範学校となった。校名の改称を受けて同1943（昭和18）年2月、「第一師範駅」と変更する。

1949（昭和24）年5月には学制改革により、第一師範学校は東京第

【写真❶】開業時の碑文谷駅（1932年）＝出典：「市郡合併記念碑衾町誌」

【写真❷】地下通路ができた頃の当駅で学生らしい人も見える（1964年）＝提供：東急㈱

【写真❸】移転した学芸大学の跡地は附属高校が引き継いで使用している

二師範学校・第三師範学校などを統合して「東京学芸大学」を発足させる。あわせて同電鉄は、3年後の1952（昭和27）年7月に「学芸大学駅」【写真❷】と改称した。

しかし同大学は1964（昭和39）年4月に小金井市へ移転。跡地（世田谷区下馬4-1-5)は附属高校【写真❸】が引き継

いだ。大学移転に伴い東急は「受験生が間違って下車することなどが危惧される」として駅名の変更を検討。1999（平成11）年に地元の意向を知るためアンケートを実施する。3分2以上の賛成があれば、改称の方針を固めていたが、「長年親しんだので変えたくない」とする反対が倍近くに上り、改称を断念。既に地元では駅名が地名同様に定着していたことと、大学が持つブランド名は捨てがたく、改名には至らなかったようだ【写真❹】。

【写真❹】高架下の現「学芸大学駅」だが、旧大学校舎へは20分ほど歩くことになる

住民の意見で転出した大学名を今も

都立大学 ←都立高校←府立高等←府立高等前←柿ノ木坂

（とりつだいがく）（さか）（とりつこうこう）（ふりつこうとう）（ふりつこうとうまえ）（かきのき）

東急電鉄 東横線

DATA　都立大学駅←都立高校駅＝1952年7月1日　◇都立高校駅←府立高等駅＝1943年12月1日　◇府立高等駅←府立高等前駅＝1932年3月31日　◇府立高等前駅←柿ノ木坂駅＝1931年7月25日／所在地：東京府荏原郡碑衾町大字衾字柿ノ木坂（現：目黒区中根1-5-1）／設置者：東京横浜電鉄／開業日：1927年8月28日

「小字・柿ノ木坂」の地名で開業

「都立大学駅」は1927（昭和2）年8月、「東京横浜電鉄」（現東急電鉄東横線）の駅として開業した。駅名は当時の字名（荏原郡碑衾町大字衾字柿ノ木坂）から取って「柿ノ木坂駅」と命名。地名・柿ノ木坂【写真❶】の由来には「柿ぬき坂」（柿を抜いて盗む）や「柿の木坂」（柿の木が多い地）、「かけ抜け坂」（寂しいので駆け抜けて通った）などの諸説がある（目黒区HP）という。

【写真❶】創業時の駅名由来の柿の木坂（1983年7月10日）＝撮影：田口政典

【写真❷】高架になった現在の駅舎（1992年5月5日）＝撮影：田口政典

しかし電鉄会社の誘致によって旧制の東京府立高等学校が1931（昭和6）年4月に麹町区から移転してくると、同年7月に「府立高等前駅」と改称。翌1932（昭和7）年3月には「前」を省いた「府立高等駅」に、1943（昭和18）年12月には東京都制施行を受けて「都立高校前駅」へと改称した。戦後になって学制改革があり都立高校は「東京都立大学」と改称したことに伴い、1952（昭和27）年7月に「都立大学駅」【写真❷】と改称する。

当大学は敷地が手狭であったことから1991（平成3）年4月、八王子市南大沢の多摩ニュータウンに移転。駅名が実態とあわなくなったため、1999（平成11）年5月、東急電鉄は沿線住民に「大学移転からかなりの時間が経ったので、そろそろ駅名も変えてはどうか」の趣旨アンケートを実施。しかし「改称すべき」とする住民は3分の2に達しなかったため、当駅名を残すことになった（「朝日新聞」1999年7月2日付）という。

駅周辺には商店街やマンション名などで都立大学の名前が定

【写真❹】移転跡には旧都立大学の歴史ある校門が保存してあった

着。駅名【写真❸】の改称には抵抗があったようだ。柿の木坂を上がった場所にある大学跡地は、「めぐろ区民キャンパス」（目黒区八雲1-1-12）として公園や図書館などを集め区民の学びの場となっていた【写真❹】。

【写真❸】旧都立大学の学生は当駅から柿の木坂を上がりキャンパスに着いた（1961年9月）＝提供：東急㈱

改称圧力にも届せず「自由」を貫く

自由が丘 ←自由ヶ丘←九品仏

東急電鉄 東横線

DATA 自由が丘駅←自由ヶ丘駅＝1966年1月20日 ◇自由ヶ丘駅←九品仏駅＝1929年10月22日／所在地：東京府荏原郡碑衾町大字谷畑（現目黒区自由が丘1-9-8）／設置者：東京横浜電鉄／開業日：1927年8月28日

当初は地名の「衾駅」が候補に

おしゃれなイメージを持つ現在の「自由が丘駅」の駅名は、1927（昭和2）年8月の開業時には「九品仏駅」【写真❶】と称した。九品仏駅は東急グループ創設者・五島慶太も眠る名刹・九品仏浄真寺【写真❷】に由来する。同寺の地には奥沢城があったが、小田原征伐で廃城になり、当地名主・七左衛門が買い受け1678（延宝6）年に創建したとされる。九品仏

【写真❶】旧「九品仏駅」時代の現自由が丘駅（1928年12月）＝出典：「東急電鉄50年史」

は「境内に3つの阿弥陀堂があり、それぞれに印相の異なる阿弥陀如来像が3体ずつ計9体あること」からきている。

【写真❷】「九品仏駅」の由来となった「九品仏浄真寺」

しかし2年後の1929(昭和4)年11月に「大井町線」の開業に際して、浄真寺の真ん前の表参道口に新駅を設置。電鉄では浄真寺直前にふさわしい「九品仏駅」を命名した。

駅名を大井町線の新駅に取られた形の旧九品仏駅について電鉄は、地名(東京市荏原郡碑衾町大字衾)から取った「衾駅(ふすま)」にすることを内定していた。が、地元住民などからは、1927(昭和2)年11月に自由主義教育を旗印として創立し

【写真❸】現「自由が丘駅」の由来となった自由ヶ丘学園は工事中だった

【写真❹】屋根に街頭テレビが設置されている頃の駅舎(1958年)＝提供：東急㈱

た「自由ヶ丘学園」(現自由ヶ丘学園高等学校【写真❸】)を駅名にすべきだとの声が上がる。そこで大井町線開業の1カ月前の1929(昭和4)年10月に、急きょ「自由ヶ丘駅」【写真❹・❺】と変更された。

いっぽう、行政上の町名も1932(昭和7)年6月、「碑衾町大字自由ヶ丘」の新地名として正式にスタートした。戦時下において「国家主義、軍国主義が強まる中、国から町名変更の圧力がかかっても住民は屈しなかった」(「朝日新聞」2022年6月27日)という。

なお目黒区は1965(昭和40)年1月の住居表示の実施に当たって、「自由ヶ丘」から「自由が丘」のひらがな表示の地名(目黒区自由が丘)に改正。行政地名の改正に伴い東急電鉄でも翌1966(昭和41)年1月、「自由ヶ丘駅」から「自由が丘駅」に改称している。

「ヶ丘駅」や「が丘駅」で、ブランド駅名化したのは関東では当駅が最初とされるが、全国的には1916(大正5)年8月開業の阪急宝塚線「雲雀丘駅(ひばりがおか)」(現雲雀丘花屋敷駅)が先駆けのようだ。

【写真❺】ほぼ現駅舎の姿を見せた頃の駅(1977年8月8日)＝撮影：田口政典

集客のために開業からすぐに名を略す

不動前 ← 目黒不動前

（ふどうまえ）（めぐろふどうまえ）

東急電鉄 目黒線

DATA 不動前駅←目黒不動前駅＝1923年10月／所在地：東京府荏原郡目黒町大字谷戸字谷戸窪付近（現品川区西五反田5-12-1）／設置者：目黒蒲田電鉄／開業日：1923年3月11日

不動尊へ徒歩15分「前駅」に違和感

　「目黒蒲田電鉄」（現東急電鉄目黒線）が1923（大正12）年3月、初めて敷設した目黒～丸子（現沼部）間に、名刹・目黒不動尊への下車駅として「目黒不動前駅」を開業した。下車駅と位置付けてはいるものの、不動尊へは当駅から徒歩15分ほど（目黒不動尊HP）がかかる。

　目黒不動尊は江戸三大不動尊のひとつとされ、正式には808（大同3）年創建の泰叡山護国院龍泉寺【写真❶】をいう。目黒の地名は当不動尊が由来とされる。

　江戸の昔から庶民にとっての観光といえば、神社仏閣への参詣であった。時の私鉄でも多くが神社仏閣の名を付けているが、代表的なのが当駅であろう。当駅のように大正・昭和に入ると官鉄はともかく、路線を開設した私鉄は盛んに有力な神社仏閣名が付く駅（90頁の「九品仏」など）を開設している。

　だが開業からわずか半年ほどの1923（大正12）年10月、略称の「不

【写真❶】当駅から徒歩で15分ほどかかるが、現在ではバス路線も充実の目黒不動尊

【写真❷】地上線時代の駅前で踏切が見える（1979年1月10日）＝撮影：田口政典

動前駅」【写真❷】に改称している。「歴史的には当時の鉄道会社の社長になった五島慶太が、集客のために敢えて（「目黒」を外した）不動前を駅名にして成功したという逸話が残る」（「東洋経済HP」＝執筆：野田隆）以外には改称理由を伺うことができない。

　駅【写真❸】を降りて実際に歩いてみた。不動尊までは1kmほどあるので、確かに「前」が付く駅名には疑問も残る。だが昔は徒歩で15分くらいなら、「最寄り駅」と呼ばれても違和感はなかったのだろう。ちなみに目黒不動尊は目黒区にあるが、駅は品川区に設置されている。

【写真❸】高架下となった現在の不動前駅は年末年始には初詣客で混み合う

「高級住宅」を意識した初代ブランド駅

田園調布 ←調布

でんえんちょうふ　←ちょうふ

東急電鉄 目黒線

DATA 田園調布駅←調布駅＝1926年年1月1日／所在地：東京府荏原郡調布村下沼部（現大田区田園調布3-25-18）／設置者：目黒蒲田電鉄／開業日：1923年3月11日

行政町名も「田園調布」にあやかる

実業家・渋沢栄一らが「田園都市会社」を立ち上げ、「近代的かつ理想的な住宅地」（田園都市構想）を掲げて高級住宅地を分譲。購入者たちの交通機関は「目黒蒲田電鉄」（現東急目黒線）に委ねられた。そして1923（大正12）年3月、扇型に広がる街並みの要に「調布駅」【写真❶】が設置された。呼称は村名（荏原郡調布村）にちなむ。「調布の『調』は税を意味し、『朝廷に布で納める税』が『調布』となった」（通説）とされる。

駅舎の設計は30歳の若き建築家、矢部金太郎が担当。大正ロマンあふれた赤い屋根を持つ、中世期のドイツ風民家を彷彿させる構造物で「理想的住宅地にふさわしいデザインを」の期待に応えた。

3年後の1926（大正15）年1月には、ホームを拡充して東口も開設。その際「田園都市多摩川台」の分譲地名【写真❷】の定着、さらには京王電気軌道線（現京王電鉄）の「調布駅」（当駅より10年古い1913年開業）との区別も兼ねて、田園都市の「田園」を冠に乗せた「田園調布駅」と改称。ブランド駅名の先駆けでもある。

1932（昭和7）年10月には東京市拡張に伴い、荏原郡は大森区（現大田区）となる。区は駅名から取って町名を「大森

【写真❶】開業時の調布駅前は未舗装。自動車に乗り込む人物は渋沢栄一とされる（1914年3月）＝出典：「東京横浜電鉄50年史」

【写真❷】駅前に立つ田園調布、由来の碑で理想住宅への思いが刻まれている

区田園調布」と改めた。

その後の複々線・地下化に伴い、開業以来の名駅舎【写真❸】を解体。1995（平成7）年12月、現在の駅舎【写真❹】が竣工。しかし、旧駅舎に対して「街の

シンボルとして保存を」との強い要望が地元から出される。東急電鉄でも「歴史的な意味合いを持つ駅舎であることから、田園調布駅改良工事完成後に外観を復元する」（東急電鉄広報資料）として2000（平成12）年1月、現駅舎を見下ろす場所に旧駅舎を再現させた【写真❺】。

【写真❸】現役時代の駅舎は乗降客で賑わいを見せる（1969年6月24日）＝撮影：田口政典

【写真❹】落ち着いた雰囲気を持つ現在の駅舎

【写真❺】残存を求める地元との約束で復元された旧名駅舎

河川や遊園地を経て当初の駅名に戻す

多摩川 ←多摩川園←多摩川園前←丸子多摩川←多摩川

`東急電鉄` 東急多摩川線

DATA　多摩川駅←多摩川園駅＝2000年8月6日　◇多摩川園駅←多摩川園前駅＝1977年12月16日　◇多摩川園前駅←丸子多摩川駅＝1931年1月1日　◇丸子多摩川駅←多摩川駅＝1926年1月1日／開業時所在地：東京府荏原郡調布村下沼部（現東京都大田区田園調布1-53-8）／設置者：目黒蒲田電鉄／開業日：1923年3月11日

77年の時を経て 開業時の駅名に戻る

1923（大正12）年3月に「目黒蒲田電鉄」（現東急多摩川線）が、目黒～丸子（現沼部）間の開業時に設置した中間駅。

「多摩川駅」【写真❶】の名称は駅の目前を流れる多摩川が由来である。田園調布住宅の乗客のための路線ではあるが、開業直後には多摩川からの砂利輸送の免許も受けている。

開業時は現在よりやや蒲田駅寄りに位

【写真❶】開業当時の「多摩川駅」でホームに建つのは五島慶太といわれる＝出典：「東急50年史」

【写真❷】一時は駅名にも使われた遊園地「多摩川園」＝提供：東急㈱

置したが1926（大正15）年1月、東横線の神奈川駅（現廃駅）までの延伸を控えて、目黒寄りの築堤上（現在地）に50mほど移転した。同時に名称も付近の「丸子の渡し」にちなみ、多摩川駅に丸子を冠した「丸子多摩川駅」に変更する。

改称前年の1925（大正14）年12月には、目蒲電鉄を改称した「東京横浜電鉄」がこの地に観覧車やメリーゴーランドなどを備えた遊園地「多摩川園」【写真❷】をオープン。「鉄道用地買収の際に付随し

た玉川沿いの低湿地を遊園地として開発した」（藤原浩「東急電鉄各駅停車」）というのが開園理由だ。

1931（昭和6）年1月には自社遊園地への誘致から「多摩川園前駅」と改称。一般に駅名の「前」は、施設に近くて便利なイメージを考えて付ける。「前駅」は国内では300ほどあるとされ、「市役所前」が最も多いとされる。大半は私鉄の駅に採用され、旧国鉄駅では第3セクターへの転換後が多いようだ。

1977（昭和52）年12月には多摩川園前駅から「前」を取り、ずばり「多摩川園駅」【写真❸】に改名した。園は駅の目の前にあったので、不動前駅（92頁参照）などとは異なり適切な改称といえそうだ。しかし開園から半世紀が経った1979（昭和54）年6月、入園者の減少等により

【写真❸】駅前の遊園地客で賑わう「多摩川園駅」時代（1986年5月）＝提供：大田区郷土博物館（撮影：石原裕之氏）

多摩川園は閉園。駅名はそのまま残ったが2000（平成12）年8月、目蒲線が目黒線と東急多摩川線に分離するのを機に開業時の「多摩川駅」【写真❹】に戻した。

【写真❹】現在の多摩川駅。東横線の複々線工事で駅舎はリニューアルされた

【写真❺】多摩川遊園地があった跡地には緑いっぱいの区立公園が設置されていた

多摩川園跡の大部分は現在「大田区立・田園調布せせらぎ公園」に変わっている。アクション施設が重なるように並ぶ遊園地があったとは想像もできないほど、静かな森林に似た公園になっていた【写真❺】。

住民からの「印象薄い」の声に会社動く

沼部 ←武蔵丸子←丸子
（ぬまべ ←むさしまるこ←まるこ）

東急電鉄 東急多摩川線

DATA　沼部駅←武蔵丸子駅＝1926年1月1日　◇武蔵丸子駅←丸子駅＝1924年4月1日／所在地：東京府荏原郡調布村下沼部付近（現大田区田園調布本町28-1）／設置者：目黒蒲田電鉄／開業日：1923年3月11日

「丸子」の地名が周辺各所に混在

「目黒蒲田電鉄」（現東急多摩川線）が1923（大正12）年3月、目黒〜丸子間を開業した際に設けた終点駅。「丸子駅」【写真❶】の呼称は所在地（荏原郡調布

【写真❶】旧下丸子駅の建設工事が進む現場＝出典：（1932年頃）「写された大田区」

村下沼部）ではなく、「丸子の庄」と呼ばれた広範囲にわたる古地名からの命名と思われる。多摩川の渡舟は「丸子の渡し」としても知られていた。丸子は「お椀を作る仕事をしていた人が住んでいた土地に付いた地名」（通説）といわれる。

ところが多摩川の流路が大きく変わることになって、丸子の地域は川の左右に分断される。そして新多摩川の東側の「下丸子」が東京府に移り、多摩川の西側の「上丸子」「中丸子」が神奈川県に残ることとなった。

現在でも大田区には「下丸子」が、川崎市中原区には「上丸子」「中丸子」があるのはこのためである（世田谷区と川崎市にも「宇奈根」「瀬田」「等々力」などの同

じ地名がある)。

開設から1年後の1924(大正13)年6月には、目蒲線が蒲田駅まで延伸し「下丸子駅」を設けたのを機に「武蔵」を冠して「武蔵丸子駅」と改称した。当時は全国的に似た駅名がある場合、東京の駅には旧国名・武蔵の冠を付けた例が多い(武蔵境など)。

さらに2年後の1926(大正15)年1月、「東京横浜電鉄」(現東急電鉄東横線)が神奈川駅(現廃駅)まで開通した際、対岸に「新丸子駅」を開業したため「沼部駅」【写真❷・❸】と改称。駅の名称は字名(荏原郡調布村字下沼部)から採った。

「丸子の地名は神奈川県側にもあり、『武蔵丸子』自体の印象が薄いため、地元民が鉄道会社あてに名称変更の建議書を提出。それに対して会社側は『蒲田まで延長の際に変更する』と回答していた(「とうよこ沿線」HP要旨)。地名・沼部は「アイヌ語で『入り江』や、水が豊富で

沼地帯であった付近」(通説)の意味があるという。

当路線名が「東急多摩川線」と敢えて「東急」を冠しているのは、1917(大正6)年10月に開業した西武鉄道の「多摩川線」があるからである。

【写真❷】平屋建て時代の沼部駅(北側)だが、現在もほとんど変わっていなかった(1988年11月5日)=撮影:田口政典

【写真❸】現在の沼部駅で南北に改札がある。写真は南側の駅舎である

離れた2駅の統合から生まれた新駅名

雪が谷大塚 ←雪ヶ谷大塚←雪ヶ谷
東急電鉄 池上線

DATA 雪が谷大塚駅←雪ヶ谷大塚駅=1966年1月20日 ◇雪ヶ谷大塚駅←雪ヶ谷駅=1933年6月1日(統合)/所在地:東京府荏原郡池上村大字雪ヶ谷(現大田区南雪谷2-2-16)/設置者:池上電気鉄道/開業日:1923年5月4日

若鮎保存のための「雪」が由来

1923(大正12)年5月、「池上電気鉄道」(現東急電鉄池上線)が池上〜当駅

間の終点駅として開業。「雪ヶ谷駅」は字名(荏原郡池上村大字雪ヶ谷)に由来する。雪ヶ谷には「初夏、多摩川の若鮎を江戸城へ献上する際、鮮度を保つため

【写真❶】当駅から分岐していた「新奥沢線」の終点駅記念碑（2016年4月17日）

【写真❷】新駅名は統合前の2つの駅名をあわせて命名された。木造時代の当駅舎（1978年5月24日）＝撮影：田口政典

に、谷あいのムロの中に大量の雪を入れた保存技術」の逸話や「郷土の雪ヶ谷太田新六郎知行に由来する」などの諸説もある。

1927（昭和2）年8月に、同電鉄が雪ヶ谷〜御嶽山間を延伸開業した際、雪ヶ谷駅の南側400mの地点（現雪が谷検車区）に「調布大塚駅」を設置する。駅名は町名（荏原郡調布大塚町）から命名。調布大塚の所在地が当時、調布村大字鵜ノ木の飛び地「字大塚」だったので、調布村と大塚を合成したものである。

その後に調布大塚駅をいったん廃止して、同駅跡地へは池上駅南側にあった車庫を移転させることにする。そこで駅間距離が短い雪ヶ谷駅と旧調布大塚駅を統合して1933（昭和8）年6月、両駅の中間地点（旧雪ヶ谷駅から100m南側、旧調布大塚駅から300m北側）に新駅「雪ヶ谷大塚駅」を設置した。統合前の両駅名「雪ヶ谷駅」＋「調布大塚駅」（廃止扱い）をあわせた命名となった。

【写真❸】ビル化した現在の雪が谷大塚駅

なお1934（昭和9）年10月、池上電鉄は目黒蒲田電鉄に吸収合併される。それを機に池上電鉄が当駅分岐で運転していた「新奥沢線」【写真❶】は、7年間運行しただけで1935（昭和10）年11月に廃止されてしまう。

1970（昭和45）年には住居表示に伴い当地は「大田区雪谷大塚町」と改正。駅名の方はそれより先の1966（昭和41）年1月、カタカナの「ヶ」をひらがなの「が」に変えて「雪が谷大塚駅」【写真❷・❸】と改称、現在に至る。

縁起のいい「末広がり」にちなみ命名

久が原 ←久ヶ原←東調布←末広
（くがはら）（くがはら）（ひがしちょうふ）（すえひろ）

東急電鉄 池上線

DATA 久が原駅←久ヶ原駅＝1966年1月20日 ◇久ヶ原駅←東調布駅＝1936年1月1日 ◇東調布駅←末広駅＝1928年4月13日／所在地：東京府荏原郡池上村字末広（大田区南久が原2-6-10）／設置者：池上電気鉄道／開業日：1923年5月4日

好縁起「末広」は移設で「東調布」

「池上電鉄」（現東急電鉄池上線）が開業の翌1923（大正12）年5月、池上〜雪ヶ谷間へ北進した際に設置した駅。「末広駅」といい、字名（荏原郡池上村字末広）から採用された。末広はいうまでもなく「次第に末（将来）の方が広がっていく」という好縁起を意味する。当駅は1916（大正5）年から続く、池上西部耕地整理組合による区画整理に伴い、南側の現在地へ十数メートル移設している。駅移設でわずかながら「荏原郡東調布町字鵜ノ木」の地域に入ったので1928（昭和3）年4月、町名から採って「東調布駅」と改称した。

1936（昭和11）年1月には「久ヶ原駅」【写真❶】と改称。1932（昭和7）年の東京市区域の拡大に伴い当地が「大森区久ヶ原町」に組み入れられたため、町名にあわせてのことだった。地名・久ヶ原は「森が続いた土地を意味する『木の原』」が由来だ。

1966（昭和41）年1月には他の駅（雪が谷大塚駅など）と同様、カタカナ「ヶ」をひらがな「が」に変えて「久が原駅」【写真❷・❸】と改称して現在に至る。ちなみに住居表示における町名は1968（昭和43）年、駅名を追うように「久が原」と変えている。

【写真❷】駅名をひらがなに改称してから20年後の「久が原駅」（1988年11月5日）＝撮影：田口政典

【写真❸】四角い駅舎で改築された現在の久が原駅南側駅舎

【写真❶】横組み、右から左へと読む「久ヶ原駅」時代の駅名標＝所蔵：個人

当時はやりの誘致成功で付けた大学名

千鳥町 ←慶大グランド前

東急電鉄 池上線

DATA　千鳥町駅←慶大グランド駅＝1936年1月1日／所在地：東京府荏原郡東調布町大字峯字千鳥久保（現大田区千鳥1-20-1）／設置者：池上電気鉄道／開業日：1926年11月8日

「慶大」転出で地名の「千鳥」に

蒲田駅から北進での延伸を続けた「池上電気鉄道」（現東急電鉄池上線）は1926（大正15）年11月、途中駅として「慶大グランド前駅」【写真❶】を開設する。池上電鉄では大学施設を呼んで乗客増に繋げるとともに、沿線ブランドを高める目的から、

【写真❶】「慶大グランド前駅」ホーム。写真は慶大生だろうか（1928年）＝提供沿線誌「とうよこ沿線」

【写真❷】改称後の初代「千鳥町駅」(1953年)＝提供：沿線誌「とうよこ沿線」

慶應義塾大学の運動場誘致に尽力し、近くに新駅を設けた。駅は「1両がやっと止まれるほどの小さなホームだった」（「とうよこ沿線」HP）という。

グランドの場所は当駅とライバル・目蒲電鉄（現東急多摩川線）・武蔵新田駅との中間地点にあったので、両駅間で旅客獲得の戦いが繰り広げられた。しかし当駅からグランドへは遠く、不便な場所にあった。そこで1927（昭和2）年6月、複線化を機に目蒲電鉄・武蔵新田駅利用の乗降客を確保するため、グランドに近い南側の光明寺駅寄りに200mほど移転させる。当駅移設に伴い、隣駅・光明寺駅は廃止した。

その後に慶大グランドが神奈川県日吉に移設することとなりグランド跡は、1938（昭和13）年前後に同潤会の住宅用地として売却される。そこで池上電鉄を買収

【写真❸】千鳥町駅を出発する電車（1980年2月25日）＝撮影：田口政典

100

【写真❹】路線図が掲げられていた頃の千鳥町駅（1959年7月）＝提供：東急㈱

【写真❺】現千鳥町駅の正面は、賑わう新旧の池上通りに向いている

した目蒲電鉄は1936（昭和11）年1月、慶大グランド駅を地名（東京市大森区調布千鳥町）から採った「千鳥町駅」【写真❷・❸・❹】と改称し今日に至る。ちなみに千鳥町は1889（明治22）年の町村制施行に伴って成立した、調布村大字・峰の小字名である「千鳥久保」という古い字名である。

「有名地名」での攻防もついには譲渡

下神明 ←戸越
しもしんめい　とごし

東急電鉄 大井町線

DATA 下神明駅←戸越駅＝1936年1月1日／所在地：東京府荏原郡荏原町字戸越東付近（現品川区西品川1-29-6）／設置者：目黒蒲田電鉄／開業日：1927年7月6日

初代駅名は東京市立公園にちなむ

「目黒蒲田電鉄」（現東急大井町線）が1927（昭和2）年7月、字名の「品川町字戸越東」から取って「戸越駅」で開業した。江戸を出て当地を越えると、相模の国に入ることから「江戸越えの村」と呼ばれ、やがて戸越となったという。

1935（昭和10）年、熊本藩の下屋敷（明治に入り三井家の別邸）跡に「戸越公園」（東京市立公園＝現在は品川区立公園）が開設される。同公園にちなむ駅名を当「戸越駅」と、隣駅の「蛇窪駅」（102頁参照）で争うことになる。

翌1936（昭和11）年1月、隣駅の旧蛇窪駅に「戸越」の呼称を譲って、地名の「下神明駅」【写真❶・❷・❸】と改称。蛇窪村の鎮守であった「下神明天祖神社」（現品川区二葉1-3-24）にちなむ

【写真❶】高架下に移った当駅の出入口（1982年8月5日）＝撮影：田口政典

第4章　東急電鉄・京急電鉄

101

【写真❷】駅に続く商店街だが現在ではその面影は見えない（1982年8月5日）＝撮影：田口政典

【写真❸】高架化以来の改札口の雰囲気を残す現「下神明駅」

駅名となった。町名・下神明は1932（昭和7）年の東京市制に伴う荏原区の発足と同時に誕生したが、1941（昭和16）年に双葉町・豊町・東戸越に分割されて、いまはない。

ちなみにいまは1968（昭和43）年11月、都営浅草線で開業した「戸越駅」がある。

公園名の取り合い抗争は当駅に軍配

戸越公園（とごしこうえん）←蛇窪（へびくぼ）

東急電鉄 大井町線

DATA 戸越公園駅←蛇窪駅＝1936年1月1日／所在地：東京府荏原郡荏原町大字上蛇窪（現品川区戸越5-10-15）／設置者：目黒蒲田電鉄／開業日：1927年7月6日

嫌われた地名を避けて好印象を演出

「目黒蒲田電鉄」（現東急電鉄大井町線）が1927（昭和2）年7月、大井町〜大岡山間を開業した時に設置した駅。名称は字名（荏原郡荏原町大字蛇窪）から取って「蛇窪駅」で開業した。蛇窪は江戸時代から伝わる地名で、「湿地で蛇が多数生息していた」（通説）ことに由来する。1934（昭和9）年12月の鉄道省貨物線には、現横須賀線と湘南新宿ラインの合流・分岐地点に「蛇窪信号場」が設置されている（1965年7月廃止）。

ところで当耕地整理組合が住宅地として発展させようとしていた1932（昭和7）年5月、地元の町会議員などが建議書を提出。同建議書では「我が国民性の『蛇』を嫌忌する感情あり。都市文化の中心たる地名に蛇の名称は不適当たるを免ぜず。よって最も適当な字名に仮称すべきである」（「最新荏原町政史」要旨）として、町名の変更が検討される。そこで各地域（上蛇窪・下蛇窪）に「神明神社」があったことから、東京市荏原区の成立時の1932（昭和7）年10月に蛇窪は「上神明町」「下神明町」と変える。

しかし9年後の1941（昭和16）年、上・

102

【写真❶】車両も見える終戦直後の戸越公園駅＝出典：「しながわ物語」

【写真❷】澄んだ池や深い緑に包まれていた戸越公園駅には多くの人々が訪れていた

下神明町は豊町や二葉町・東戸塚に改称されている。ちなみに以前からあった隣駅の「戸越駅」（101頁参照）は1936（昭和11）年１月、旧町名（下神明町）から採った「下神明駅」と改称し現存している。

　いっぽう電鉄では、観光施設としても期待できる戸越公園（現品川区豊町2-1-30【写真❶】）が1935（昭和10）年に開園されるところから隣駅・蛇窪駅と争うも、公園に近い当駅を「戸越公園駅」【写真❷・❸・❹】と改称している。

【写真❹】落ち着いた戸越公園には当駅から徒歩数分で到着する

【写真❸】木造平屋時代の駅舎で駅前に銀座商店街が覗く（1979年6月23日）＝撮影：田口政典

「他駅の方が公園に近い」ので改称とも

北千束 ←洗足公園←池月
きたせんぞく　　せんぞくこうえん　いけづき

東急電鉄 大井町線

DATA　北千束駅←洗足公園駅＝1936年1月1日／◇洗足公園駅←池月駅＝1930年5月21日／所在地：東京府荏原郡北千束町字池月487付近（現大田区北千束2-16-1）／設置者：目黒蒲田電鉄／開業日：1928年10月10日

国鉄の同名駅を発見して公園名に

　「目黒蒲田電鉄」（現東急電鉄大井町線）が1928（昭和3）年10月、大井町～大岡山間に開業した時の途中駅。駅は土地を提供した千束耕地整理組合の要望に沿って設置された。開業時は字名（荏原郡北千束町字池月）から採って「池月

【写真❶】洗足公園と洗足池に架かる旧駅名由来の池月橋

駅」とした。字名・池月【写真❶】は「源頼朝が洗足池の湖畔（洗足池）で宿営した際、池に映る月のように美しかった1頭の野馬を発見…。自らの愛馬・池月の伝説」（角川版）が由来とされる。近くの千束神社には、名馬・池月の銅像がある。

　1年半後の1930（昭和5）年5月には、鉄道省（国鉄）・陸羽東線に同名の池月駅（宮城県大崎市岩出山池月）があることが分かり「洗足公園駅」と改称。知名度の高い洗足池に近いとした、行楽客誘致の駅名観光化の一貫である。洗足池には当時から、池上電鉄（現東急池上線）の「洗足池駅」の方が近かったが、ライバル関係にあった目蒲電鉄は、徒歩10分ほどの当駅に敢えて千束公園駅として「公園の最寄り駅」のような駅名を付けたのである。ちなみに洗足池公園は歌川広重の錦絵にも描かれる名園で、洗足は「日蓮が池に立ち寄り、休息して足を洗ったところから付いた」とされる（諸説あり）。

　1932（昭和7）年10月には行政上の地名が「大森区北千束」に変更。4年後の1936（昭和11）年1月、地名にあわせて「北千束駅」【写真❷・❸・❹】と改称した。池上・大井町線も既に東急の路線となり、乗客の獲得競争意識が薄れたことから、駅所在地から採って北千束と改めたようだ。千束は「千束の稲が貢祖から免ぜられていた。千束の一部の地域が洗足と書き換えられるようになったのは、日蓮が池上に向かう途中、この大池で足を洗ったという伝説によるもの」（目黒区HP）から名付けられたという。

　行政上の町名を見ると、大田区は「旧荏原郡千束郷」にちなむ「千束」（北千束駅）の表記だが、目黒区は「洗足」（洗足駅）としている。「洗足」と付く駅名は目黒線「洗足駅」や当旧「洗足公園駅」があるが、池へは池上線の「洗足池駅」が最短で目の前に広がる。

【写真❷】北千束駅のホームの遠景（1983年10月28日）＝撮影：田口政典

【写真❸】北千束駅近くのガード（1983年10月28日）＝撮影：田口政典

【写真❹】高架下に収まる現北千束駅で駅前には商店街が広がる

駅・線路用地を提供の大地主の希望名

緑が丘 ←緑ヶ丘←中丸山

東急電鉄 大井町線

DATA 緑が丘駅←緑ヶ丘駅＝1966年1月20日 ◇緑ヶ丘駅←中丸山駅＝1933年4月1日／所在地：東京府荏原郡玉川村大字奥沢字中山（現目黒区緑が丘3-1-12）／設置者：目黒蒲田電鉄／開業日：1929年12月25日

行政町名にあわせて改称の現呼称

1929（昭和4）年12月の暮れに「目黒蒲田電鉄」（現東急大井町線）が、大岡山〜九品仏（現自由が丘）間の開業時に途中駅として設置した駅。ちなみにこの時、目蒲電鉄は二子玉川線を大井町線に統合し、大井町〜二子玉川間を直通運転させている。

「中丸山駅」の名称由来は「隣接する世田谷区奥沢2丁目一帯にわたり、開業当時は荏原郡玉川村大字奥沢字中丸山と称していた」（「東急電鉄50年史」）ことに加え、「駅北側に広がる『丸中山』と呼ばれた丘陵の駅・線路用地を提供（等価交換を含む）した大地主による希望命名である」（「郷土目黒」48集要旨）ともいわれる。

1932（昭和7）年10月、荏原郡の一部が東京市へ編入された際、現駅の所在地が新世田谷区から新目黒区の管轄に移行。駅南側の緑の木立が多い丘陵地は「緑ヶ丘」という行政町名になった。東急（旧目蒲電鉄）では翌1933（昭和8）年4月、行政町名にあわせて「緑ヶ丘駅」と改称した。一般に「○ヶ丘駅」は鉄道会社や不動産会社などがイメージ戦略で命名する例が多いが、当駅名は行政が付けた町名である。

なおカタカナ「緑ヶ丘」からひらがなの現「緑が丘駅」【写真❶・❷】に変えたのは、1966（昭和41）年1月の住居表示に伴う実施である。この時期には当駅や久が原（99頁参照）のように、カタカナ「ヶ」→ひらがな「が」への改称がいくつか実施されている。

【写真❶】出入口に片形風の屋根が載っている頃の「緑が丘駅」（1980年12月）＝撮影：田口政典

【写真❷】40年前と構造は変わらないが、ホームには防音装置も施された現在の「緑が丘駅」

大ショッピングモールへの発展で誕生 _____

南町田グランベリーパーク ←南町田

東急電鉄 田園都市線

DATA 南町田グランベリーパーク駅←南町田駅＝2019年10月1日／所在地：町田市南町田（現町田市鶴間3-3-2）／設置者：東急電鉄／開業日：1976年10月15日

人気大型商業施設のお題を拝借

当駅は1976（昭和51）年10月、東急電鉄田園都市線の「南町田駅」【写真❶】で開業した。町田市の最南端に近い場所にあり、東京都の最南端に位置する駅としても知られる。駅開業時の当地は山林と田畑がほとんどで、里山風景が広がる農村地帯だった。

しかし1975～76（昭和50～51年）にかけての南町田第一土地区画整理組合の事業換地処分が行われると宅地開発も進み、高度経済成長を支えた若いファミリー層が次々と転入。

そこで東急電鉄は当駅を新設する。所在地の旧村名（南多摩郡南村で1954年に町田市と合併）と町田市の市名をあわせて命名された（町田市の南端からの説も）。その後の2016（平成28）年7月、住居表示によって当地は「南町田」の町名になっている。

2000（平成12）年4月、この地に大型商業施設「グランベールモール」（3.3ha）を開業。買い物客は順調に伸びたが、一体化による再開発や近隣の商業発展により、さらなる来客を見越して2017年2月12日をもって一時閉館。2019（令和元）年11月、町田市と東急の共同プロジェクトで5.3haに拡大した南町田グランベリーパークがオープン。同施設開業を控えた1カ月前の10月、「南町田グランベリーパーク駅」【写真❷・❸】へと改称。ちなみにグリンベリーとは「ツツジ科に属する常緑低木の総称を指し、ツルコケモモ（蔓苔桃）などがある」という。

【写真❷】多くのポスターを掲げてショッピング客を迎える当駅構内

【写真❶】当時としても現代的なデザインで建てられた旧「南町田駅」（1976年10月）＝提供：東急

【写真❸】駅名改称とともに新装された「南町田グランベリーパーク駅」

鉄道会社職員からの公募で駅の名決まる──────────

旗の台 ←東洗足・旗ヶ岡
（はた　だい）　　（ひがしせんぞく　はたがおか）

東急電鉄 大井町線・池上線

DATA 大井町線：旗の台駅←東洗足駅＝1951年3月1日 ◇池上線：旗の台駅←旗ヶ岡駅＝1951年5月1日／所在地：大井町線：東京府荏原郡荏原町字中延 ◇池上線：荏原郡荏原町大字中延字旗ヶ岡（現品川区旗の台2-13-1）／設置者：大井町線：目黒蒲田電鉄 ◇池上線：池上電気鉄道／開業日：目蒲電鉄線：1927年7月6日 ◇池上電鉄線：1927年8月28日

鉄道両路線の合併で駅名を統一

　大井町線と池上線が交差地点にある「旗の台駅」だが、本来は別の会社が経営する路線で、駅も別々の場所にあった。

　大井町線の当駅は「目黒蒲田電鉄」が大井町～大岡山間を延伸敷設した1927（昭和2）年7月、「東洗足駅」（荏原郡荏原町大字中延字旗ヶ岡）として開設。当初は大字名である「中延駅」にしたかったのだが、別の場所の駅名（現大井町線・中延駅）に決まっていたので断念。親会社の田園都市会社が分譲した「洗足田園都市住宅」の東側にあったことから、「東洗足駅」【写真❶】に決定した。

　目蒲電鉄・東洗足駅開業から1カ月半後の1927（昭和2）年8月、「池上電気鉄道」が目蒲電鉄線と交差する東洗足駅の東側に「旗ヶ岡駅」を設置。旗ヶ岡は源頼信が陣を敷き、戦勝祈願の旗揚げした旗岡八幡神社【写真❷】にちなむ字名（当時・東京府荏原郡荏原町大字中延字旗ヶ岡）である。
（みなもとのよりのぶ）　　　　　　　　　　（はたがおか）

　当時、目蒲電鉄と池上電鉄は路線をめぐって激しく対立。両線が交差する付近（現旗の台駅付近）に乗換駅を設ける発想はなく、それぞれに駅を設置した。結果、東洗足駅と旗ヶ岡駅の乗り換えには、300mほどを歩かなければならなく不便であった。「昭和10年代より、何度も駅の統合計画に名

【写真❶】公衆電話ボックスも見える開業時の「東洗足駅」＝出典：「みなみのあゆみ」（発行：旗の台南町会）

【写真❷】現駅名の由来ともいわれる旗岡八幡神社

【写真❸】東洗足・旗ヶ岡駅が統合された頃の旗の台駅＝出典：「しながわ物語」

【写真❺】三角屋根時代の旗の台駅（1979年9月5日）＝撮影：田口政典

【写真❹】改称後の旗の台駅（1950年5月）＝出典：「東急電鉄50年史」

【写真❻】近代的デザインの丸い屋根に変わった現旗の台駅

前が挙がっていたが、実現したのは戦後であった」（関田克孝「東急・街と駅」）とあるように、交差付近の駅新設構想こそあったものの、実現せずにいたのだ。

そして1934（昭和9）年10月に池上電鉄を買収した目蒲電鉄は、「東急電鉄」となってから9年後の1951（昭和26）年5月、両路線が交差する場所に乗換駅の「旗の台駅」（東洗足駅を改称、旗ヶ岡駅を合併【写真❸・❹・❺・❻】）を設置、旧両駅を移設し現在に至る。駅名は「職員からの公募によって決めた」（「東急50年史」）ものの、「台」を付けるのは当時の流行でもあった。

別路線で発足し「遊園地名」も名乗る

二子玉川
ふたこたまがわ

←二子玉川園←二子玉川←二子読売園←よみう
　ふたこたまがわえん　　ふたこたまがわ　　ふたこよみうりえん

り遊園←二子玉川／よみうり遊園←玉川
ゆうえん　ふたこたまがわ　　　ゆうえん　　たまがわ

東急電鉄 田園都市線・大井町線

DATA 二子玉川←二子玉川園駅＝2000年8月6日 ◇二子玉川園駅←二子玉川駅＝1954年8月1日 ◇二子玉川駅←二子読売園駅＝1944年10月20日 ◇二子読売園（両線統合）←よみうり遊園駅＝1940年12月1日 ◇目蒲電鉄：よみうり遊園駅←二子玉川駅＝1939年3月10日 ◇玉川電鉄：よみうり遊園駅←玉川駅＝1939年3月10日／所在地：東京府荏原郡玉川村字瀬田付近（現世田谷区玉川2-22-13）／設置者：玉川電気鉄道・目黒蒲田電鉄／開業日：玉川電鉄線：1907年4月1日 ◇目蒲電鉄線：1929年11月1日

「二子」と「玉川」の合成で開業

　当駅・二子玉川駅は東急電鉄の田園都市線（旧玉川電鉄）と大井町線（旧目黒蒲田電鉄）が交差する駅だが、かつては鉄道会社が別々のため歴史が異なる。

【写真❶】旧玉川電鉄の「二子玉川駅」（1932年6月）＝提供：東急㈱

　まず1世紀以上前の1907（明治40）年4月、「玉川電気鉄道」（後の「東急玉川線」）が渋谷～玉川間の終点駅「玉川駅」【写真❶】として開業。名称は村名（荏原郡玉川村）から採られた。当時の多摩川一帯は東京の行楽地として、屋形船でのアユ料理などで大いに賑わったという。しかし玉川電鉄線は旅客車両も連結したが、主に多摩川からの砂利を運搬する砂利鉄であった。

　1909（明治42）年に同電鉄は集客手段のための施設として、玉川駅近くに玉川遊園地を開設。駅付近は玉川の瀬田河原と呼ばれた景勝地だったこともあり、1922（大正11）年には第二遊園地もオープンさせて多くの来園者で賑わう。

　いっぽう、大井町線は玉川電鉄・玉川駅から22年後の1929（昭和4）年11月、「目黒蒲田電鉄」（現東急大井町線）が自由ヶ丘（現自由が丘）～二子玉川間の「二子玉川線」を延伸させた時に「二子玉川駅」として設置。二子玉川は多摩川をは

さんで存在した「二子村」（現川崎市）と「玉川村」（現世田谷区側）の合成名称である。「二子」とは「多摩川の両岸にできた二つの集落」をいう。

　1938（昭和13）年4月に「玉川電鉄」と「東京横浜電鉄」は合併するが、第二遊園地経営は読売新聞と提携することになる。そこで翌1939（昭和14）年3月に玉川駅は「よみうり遊園駅」【写真❷】と改称。旧玉

【写真❷】「よみうり遊園」への改称を伝える新聞＝出典：「読売新聞」（1939年3月10日）

【写真❸】競うように乗車する「二子読売園駅」
（1941年頃）＝出典：「東急電鉄50年史」

川電鉄・よみうり遊園駅と東横電鉄・二子玉川駅は、翌1940（昭和15）年12月に統合され、「二子読売園駅」【写真❸】と改称する。

　戦争が激化した1944（昭和19）年、レジャー施設の遊園地は閉鎖。そこで大東急となった「東京急行電鉄」（旧東横電鉄）は同年10月、遊園地がなくなったため当駅は「園」を削除して再び「二子玉川駅」に戻すことにした。

　敗戦後平穏を取り戻すと、遊園地再開の動きが起こる。そして1954（昭和29）年3月、かつての第二遊園地が「二子玉川園」【写真❹】として再開。そこで5カ月後の同年8月、遊園地の駅名としての「二子玉川園駅」【写真❺・❻】を復活させた。

　だが1985（昭和60）年3月、同遊園地は入場者の減少で閉園となってしまう。駅名はそのまま継続するが、15年後の2000（平成12）年8月に「二子玉川駅」【写真❼】を再度復活させて今日に至っている。

【写真❹】駅名の由来の「二子玉川園」の入場口（1961年）＝提供：世田谷区立郷土資料館

【写真❺】二子玉川園駅時代の当駅遠謀（1961年）＝提供：世田谷区立郷土資料館

【写真❻】新しくなった「園」が付く時代の「二子玉川園駅」（1981年7月）＝提供：東急㈱

【写真❼】おしゃれな街にふさわしい現在の「二子玉川駅」の駅舎

東京側終点のターミナル駅で産声

北品川 ←品川
きたしながわ しながわ

京急電鉄 本線

DATA 北品川駅←品川駅＝1925年3月11日／所在地：東京府荏原郡品川町大字北品川宿（移転後：現品川区北品川1-3）／設置者：京浜電気鉄道／開業日：1904年5月8日

品川宿の北側へ移設で呼称を変更

「京浜電気鉄道」（現京急電鉄本線）が川崎方面から東京方面に乗り入れた1904（明治37）年5月、「品川駅」として開業。品川駅は、東海道の最初の宿場、品川宿の目前にあったことに由来する。品川は「目黒川の古名を品川と呼んでいたとする説と、品よき地形であったところから高輪に対して品輪と名付けた」などの諸説がある。

京浜電鉄は当初、品川宿の最盛地の品川橋（現品川区南品川1-4）付近に起点駅を設置しようとしたが、他の交通機関との調整もあって北東側の八ツ山橋（品川区北品川1-3）付近にしている。駅は八ツ山橋の南詰めに設置されたところから通称で「八ツ山駅」とも呼ばれ、京浜電鉄の東京側のターミナル駅としての役割を果たした。

ターミナル駅にふさわしく、とんがり屋根を載せた風格ある木造2階建ての洋風駅舎だった【写真❶】。旧東海道に面して建ち、2階には時間待ち乗客のための「富貴軒」という食堂があったという。設置時には連絡用の東京市電が現品川駅方面から当駅付近まで乗り入れていた。

川崎方面からの電車は「駅舎に続いてホームがある細長い停留場で、到着ホームと発車ホームに分かれ、到着した電車はいったん出発ホームに転線して折り返していた」（佐藤良介「京急の駅・今昔」）という【写真❷】。

しかし京浜新国道（現国道15号線）の改修で、当駅付近及び線路は道路用地

【写真❶】初代・品川駅で偉容な洋館駅舎だった（年代不明）＝出典：「京浜急行80年史」

【写真❷】初代・品川駅は「品川京浜間発着所」と記されていた（1910年頃）＝出典：「東京近郊名所図会」（東陽堂）

【写真❹】半世紀前の北品川駅舎は、現在の
駅とほぼ同じ形だ（1977年7月12日）

【写真❸】初初代・品川駅があった付近
は現在草むらで旧駅の痕跡はなかった

に当たり立ち退きを迫られる【写真❸】。そ
こで都心進出を目論む京浜電鉄は1925
（大正14）年3月、省線・品川駅の向か
いに「高輪駅」を開設して乗り入れを実現
する。

　その前年の1924（大正13）年4月、当
駅は鉄道省線との連絡運輸開始を機に
駅を200mほど川崎寄りに移転。翌1925
（大正14）年11月に「北品川駅」【写真
❹】と改称、明治以来の名駅は姿を消し
た。駅名は品川宿の北側にあった字名

（荏原郡品川町字北品川）から命名され
た。現品川駅より南側にあるのに北品川
駅としたのは、旧東海道品川宿の北端に
立地しているためである。

　なお1933（昭和8）年4月には省鉄・品
川駅の隣接地に自社の「品川駅」が建設
できたため、高輪駅（同時に廃駅）へのル
ートを取り止め、北品川駅から現京急品
川駅へ乗り入れる電車ルートに変更して
いる。

海水浴場の誘致で観光をめざす名へ

大森海岸 <small>おおもりかいがん</small> ←海岸←八幡 <small>かいがん　やはた</small>

京急電鉄 本線

DATA｜大森海岸駅←海岸駅＝1933年7月1日　◇海岸駅←八幡駅＝1904年5月8日／所在地：東京府荏原郡大森町字
海辺付近（現品川区南大井3-32-1）／設置者：京浜電気鉄道／開業日：1901年2月1日

開業時は由来「磐井神社」から命名

　「大師電気鉄道」が「京浜電気鉄道」
（現京急電鉄本線）と社名を変えて最初
に開業した1901（明治34）年2月、川崎

〜大森停車場（現JR大森駅）前間の中
間駅として開設。名称は「八幡駅」で、海
岸沿いの字名（荏原郡大森町字八幡）が
由来である。八幡は当時の地図を見ると
1922（大正11）年以前までは駅の東（海）

【写真❶】駅名の由来となった現磐井神社＝旧鈴森八幡神社

【写真❸】目の前を大森海岸通りが走る駅舎の遠望（1977年8月20日）＝撮影：田口政典

【写真❷】海水客で賑わっていた当時の大森海岸＝絵葉書

【写真❹】高架下に収まる現駅舎で、かつては駅前を大森駅方向に路面電車が走っていた

側に寺社の記号が見えるが、かつては武蔵国八幡総社とされた「磐井神社」（大田区大森北2-20-8。かつては「鈴森八幡宮」とも呼ばれた【写真❶】）があることから付いた地名のようだ。

1904（明治37）年5月には川崎〜当駅〜品川間が延伸開業となり、途中の分岐駅（当駅〜大森停車場前駅間の「大森支線」）となったのを機に「海岸駅」と改称した。大森海岸が国道をはさんだ目前にあったので、地名ではなく観光駅名を命名する。同海岸【写真❷】は埋め立てられる

まで海苔の養殖が盛んで、その後に東京市内から最も近い海水浴場として賑わった。事実、1916（大正5）年〜1929（昭和4）年の12年間にわたり、近くに「海水浴場前駅」が存在している。

1933（昭和8）年7月には、さらに海水浴場として分かりやすい「大森海岸駅」【写真❸・❹】と改称した。現在では埋め立てられて、鉄道から海岸は見えないが、当時は車窓から澄んだ水面を楽しめたのであろう。

戦争への反省を込めた平和願望の駅名 ──────

平和島 ←学校裏←沢田

京急電鉄 本線

DATA 平和島駅←学校裏駅＝1961年9月1日 ◇学校裏←沢田駅＝1904年5月8日頃 ／所在地：東京府荏原郡大森町字沢田（現大田区大森北6-13-11）／設置者：京浜電気鉄道／開業日：1901年2月1日

全国的にも珍しい「裏」の時代も

「京浜電気鉄道」（現京成電鉄本線）が1901（明治34）年2月、川崎〜大森停車場前間を路面電車で敷設した際に「沢田駅」を開業。呼称の謂われは字名（荏

113

【写真❶】「学校裏駅」時代の当駅で直後に「平和島駅」と改称される（1959年）＝出典：「写された大田区」

原郡大森町字沢田）であり、現在でも沢田通りや沢田交差点などに名が残る。

京浜電鉄は開業から3年後の1904（明治37）年5月、八幡（現大森海岸）駅から品川（現北品川）駅まで延伸したが、その際に「学校裏駅」【写真❶】と改称。「近くの蒲田と混同されないためという説もあるが、理由ははっきりしない」（「駅名から日本地図を旅する本」）ようだ。学校

【写真❷】30年ほど前の平和島駅と商店街（1990年5月31日）＝撮影：田口政典

とは駅の西側にある「寄木尋常小学校」（後の大森第2小学校で、同校は大森第6小学校と統合して閉校し現在は開桜小学校）の裏側に所在することから命名された。全国には「前」の付く駅名は多く見られるが、「表」「裏」が付く駅名（都電に「新田裏停車場」はあった）はほとんどない。命名の妙であろうか。

高度成長期の1961（昭和36）年9月には人工島である「平和島駅」【写真❷・❸】と改称、翌10月には駅舎も建て替えて新たに再出発した。駅の東側にできる平和島は1943（昭和18）年頃、東京市が一部を埋め立ててできた人工島である。しかし戦中は連合国の「東京捕虜収容所」として使われ、戦後の一時期は戦犯・東条英機などの日本人戦犯を収容する施設が置かれた。戦争に振り回された当島は反省も込めて1967（昭和42）年、正式に「平和島」と呼ぶようになる。その後も順次埋め立てられ、現在では陸続きになっている。

行政上の平和島ができたのは、駅改称より7年遅い1968（昭和43）年4月のことだった。ちなみに当駅は平和島と呼ぶものの、旧島内には所在してはいない（大田区大森北）。

【写真❸】高架化で建て替えられた現平和島駅

後発の官鉄駅名との重複を避けて改称

京急蒲田
けいきゅうかまた

←京浜蒲田←蒲田
けいひんかまた　かまた

京急電鉄 本線

DATA 京急蒲田駅←京浜蒲田駅=1987年6月1日 ◇京浜蒲田駅←蒲田駅=1925年11月／所在地：東京府荏原郡蒲田町字蒲田（現大田区蒲田4-50-10）／設置者：京浜電気鉄道／開業日：1901年2月1日

「京急」の冠名で
一斉に10駅を改称

　「京浜電気鉄道」（現京急電鉄本線）が1901（明治34）年2月、川崎～大森停車場前間を敷設した時に、「蒲田駅」として開業した途中駅。穴守神社や羽田方面への「穴守線」（現空港線＝1902年6月開業）の分岐駅としての目的から開業した。

　地名・蒲田は「下流海岸に位置する泥深い田地（蒲田）とされる」（通説）のほか、「由来にはアイヌ語説と地質説がある。アイヌ語でカマタとは飛び越えたところや沼の中の島の意味。蒲田の地は古代湿地や沼地で、その高まったところに集落ができたという」（「蒲田町誌」）の記載が見える。

　当駅開業から3年後の1904（明治37）年4月には官鉄（現JR）・東海道線に、京浜電鉄と同じ「蒲田駅」が開業する。1925（大正14）年11月には「官鉄と同じ駅名を付けて

【写真❶】簡素な平屋建て時代の「京浜蒲田駅」時代＝所蔵：個人

いる場合は、改称することが望ましい」とする当局の意向を受けて、自社名の冠を付けた「京浜蒲田駅」【写真❶・❷】と改称した。

　また1923（大正12）年4月には本線が、併用軌道から専用軌道に変更したためや

【写真❷】地上線時代の京浜・蒲田駅時代の駅舎遠望（1976年9月24日）＝撮影：田口政典

や品川側の現在地に移設している。

改称から半世紀を越えた1987（昭和62）年6月、京急では当「京急蒲田駅」【写真❸】のほか、他社線が乗り入れている「京浜川崎駅」「京浜鶴見駅」等の10駅を、一斉に京急電鉄の会社名を冠した駅名に改称している。

【写真❸】高架化に伴い豪華に新装した現在の「京急蒲田駅」

「堤」から「土手」への改称の不思議

六郷土手 ←六郷堤
（ろくごうどて）　　（ろくごうつつみ）

京急電鉄 本線

DATA 六郷土手駅←六郷堤駅＝1932年／所在地：東京府荏原郡六郷村大字八幡塚（現大田区仲六郷4-27-11）／設置者：京浜電気鉄道／開業日：1906年10月1日

時代を遡ったような新しい名前

「京浜電気鉄道」（現京急電鉄本線）が1906（明治39）年10月、雑色（ぞうしき）～川崎間の敷設で開設した中間駅。「六郷堤駅」と名付けられたのは、東京都大田区と神奈川県川崎市との境を流れる六郷川の堤にちなむ。六郷は「多摩川上流の6

【写真❶】京浜電鉄は人道橋・六郷木橋の上流に鉄道橋を架橋した（1897年頃）＝出典：「京浜電気鉄道沿革史」

郷の流れが合流して六郷川となり、六郷が地名となった」や「多摩川下流北岸の6郷を総称した合村説や八幡塚にある六郷神社の六供斎料として地を六供郷と唱え、後に六郷となった」（角川版）などの説がある。

開業時は「長さ55間（約100m）の単線軌道の木橋を並列に架設して間にあわせた」（「京浜電鉄沿革史」）という。そして5年後の1911（明治44）年4月に鋼鉄製の橋【写真❶】に架け替えている。

開業から四半世紀後の1932（昭和7）年頃、現在の「六郷土手駅」【写真❷・❸】に改称。同橋梁は老朽化と輸送力増強を目的に、1970（昭和45）年4月に架け替え、あわせて駅舎も高架化。京急川崎駅寄りに移設して現在に至る。

【写真❸】高架下にある現六郷土手駅を
過ぎるとすぐに多摩川を渡り川崎に至る

【写真❷】当駅ホームへ電車が入線する
（1985年7月22日）＝撮影：田口政典

ちなみに「堤」は「水があふれ出ないように、岸に高く積み上げた土・石・コンクリートで造られた構築物」で、「土手」は「土をもって造られた小規模の堤」をいい、原材料の違いを指すようだ。この意味では旧「六郷堤」の方が現「六郷土手」より近代的なイメージがあり、時代に逆行するようにも思えてくる。

当駅のホームからは、多摩川の河原でゴルフを楽しむ人々や、遠くに丹沢や富士山も望めて、癒やされるような雰囲気を持つ。

神社移転の流れを受けて順次に見直し

穴守稲荷 ←稲荷橋←羽田
（あなもりいなり）（いなりばし）（はねだ）

京急電鉄 空港線

DATA 穴守稲荷駅←稲荷橋駅＝1956年4月20日 ◇稲荷橋駅←羽田駅（初代）＝1915年1月1日／所在地：東京府荏原郡羽田町字羽田（移転：現大田区羽田4-6-11）／設置者：京浜電気鉄道／開業日：1914年1月1日

羽田島の歴史をめぐる呼称の変遷

「京浜電気鉄道」（現京急電鉄空港線）が1902（明治35）年6月、商売繁盛などのご利益があるとされ、多くの参詣客を持つ穴守稲荷神社への送迎を目的として「穴守線」（「羽田支線」とも）を開業する。その際に終点駅として、同神社にちなむ「穴守駅」を設けた。とはいえ羽田島の外にある駅は、島内にある神社とは1km近くも離れていて、徒歩参詣には負担を強いられた。

その後、羽田島は徐々に埋め立てられて飛行場などもできた。1913（大正2）年12月大晦日に駅を800mほど東進、島内にある神社近くに移設。穴守駅の移転に

【写真❶】現羽田空港の地点にあったが移転した現在の穴守稲荷神社

【写真❷】自動車も乗り入れができた時代の当駅（1977年12月23日）＝撮影：田口政典

伴い翌1914（大正3）年1月元旦、旧穴守駅跡地に「羽田駅」（初代）を新設した（「旧穴守」は廃止扱い）。呼称は羽田島一帯の地名（荏原郡羽田町字羽田）が由来である。だがわずか1年後の翌1915（大正4）年1月、40mほど東側の海老取川に架かる稲荷橋沿いに移転（「京急の駅今昔」などでは移転理由は不明）したため、橋名由来の「稲荷橋駅」と改称した。

いっぽう穴守稲荷神社【写真❶】は戦後、米軍からの強制退去命令に従って、海老取川東側の現在地（大田区羽田5-2-7）に仮神殿を造り、遷宮・移転した。そ

【写真❸】鳥居をくぐると専用の歩道が現在の当駅に向かって伸びる

こで稲荷橋駅も1952（昭和27）年11月、穴守稲荷神社に近い場所の西側に340mほど移転して、4年後の1956（昭和31）年4月には神社の最寄り駅としての「穴守稲荷駅」【写真❷・❸】と改称して現在に至る。

「空港が近い」との誤解解消に名を改称

天空橋 ←羽田
（てんくうばし）（はねだ）

京急電鉄 空港線

DATA 天空橋駅←羽田駅（2代目）＝1998年11月18日／所在地：大田区羽田鈴木町（現大田区羽田空港1-1-2）／設置者：京浜電気鉄道／開業日：1993年4月1日

近くに架かる人道橋が現駅名の由来

「天空橋駅」は京急電鉄空港線と東京モノレール羽田空港線の両路線に存在するが、ここでは羽田方面への乗り入れに長い歴史を持つ京急駅を中心に記述する。

京急は米軍に接収されて、休止してい

た穴守稲荷〜羽田空港駅間（旧穴守線）を1956（昭和31）年4月に復活。終点の「羽田空港駅」を開設した。当駅は海老取川西側の200mほど蒲田駅寄りに位置。空港アクセス駅でありながら、空港までは1kmほどもあった。そのうえ駅からは送迎バスに乗り換えなければならず、不便この上なかった。

　いっぽう航空需要は増大を続け、騒音への苦情も寄せられるようになる。これら問題の解決を意図して、1988（昭和63）年から空港機能の沖合展開事業を推進。1993（平成5）年9月には空港ターミナルビルも移設された。

　これにあわせ京急は1993（平成5）年4月、新駅「羽田駅」（2代目）【写真❶】を開設（「旧羽田空港駅」は廃止扱い）。

【写真❶】竣工直後の「京急・羽田駅」の頃の駅舎でいまも現駅である（1994年6月22日）＝撮影：田口政典

【写真❷】駅名板に「羽田駅」とある時代のモノレール駅。駅舎は現在も同じである（1977年6月22日）＝撮影：田口政典

【写真❸】駅名の由来となった天空橋を渡ると改称後の現京急・天空橋駅に着く

場所は旧羽田空港駅から海老取川を越えて200mほど東側の空港敷地内（現天空橋駅の地点）に確保した。東京オリンピック開催を機に1964（昭和39）年9月に開業していた東京モノレール・羽田駅【写真❷】との連絡業務も開始、利便性は一気に向上した。

　空港線延伸第2期工事の完成によって、1998（平成10）年11月、空港アクセス駅の役割を担う便利な場所に、新たな「羽田空港駅」（現羽田空港第1・第2ターミナル駅）を開業。

　便利な場所に新羽田空港駅ができたので同日、当羽田駅は空港が近いと誤解を招くようなイメージの「羽田」名を避けて「天空橋駅」【写真❸】と改称。東京モノレールの羽田駅も同日「天空橋駅」と改称している。

　ちなみに天空橋は海老取川に架かる人道橋で、駅名は地元からの公募によって名付けられた。天空とは広々とした空をいうが、大田区の行政上の地名にはない。ちなみに東京モノレールの駅舎は、航空機のジェットエンジンをデザインしたものだ。

COLUMN

「統合」による駅名の改称・変更

　車両高速化や利用度の減少などによって、必要性の乏しくなった駅が、隣駅等と「(吸収)統合」して、駅自体が消えていく例が見られる。

　駅と駅の間新駅を作る「対等統合」の場合には、新しい駅が新設され、旧両駅名は「消えた駅名」となる。

　京急(本線)の場合では高架化に伴い、「北番場駅」「南番場駅」の中間地点に駅を設置することになり、両駅名を廃止して「新馬場駅」【写真❶】が生まれている。新呼称としては分かりやすい命名である。現在でも統合による旧駅の利便性を保つため、旧両駅があった南北に改札口をそれぞれ設置しているため、長大の約200mホームを設置しているほどだ。【写真❷・❸】

　統合による改称といえば、都心地下鉄の「江戸橋駅」(都営浅草線で、統合後は「日本橋駅」と改称)と「西銀座駅」(旧営団丸ノ内線で、統合後に「銀座駅」と改称)だろう。両駅とも利用者には馴染まれていた。特に「西銀座駅」は歌謡曲「西銀座駅前」で超有名になっており、吸収統合される形での廃止は随分と話題になった(30頁参照)。もっとも統合する側の駅も全国的に知られる日本橋駅や銀座駅だったため、それなりに納得がいったようだ。

【写真❶】京急本線の「北番場駅」と「南番場駅」が統合されてできた「新馬場駅」

　駅統合によって新たな駅名を決める場合には、鉄道会社としても悩みは尽きない。

　西武鉄道の「小平学園駅」が「一橋大学駅」に統合した場合では、両呼称のいいとこ取りの「一橋学園駅」でまとまっている(52頁参照)。こうした改称例は、京王井の頭線「東大前駅」と「駒場駅」が統合した「駒場東大前駅」(83頁参照)など、結構多く見られる。

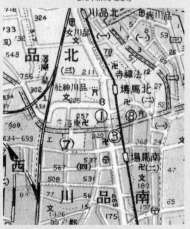

　日常利用していた駅がなくなると、駅とともに生活してきた人々にとっては一抹の寂しさを感じるのではないか。

【写真❸】新馬場駅は長いホームのため、短い車両編成の場合には「停車できない」の案内が掲示されている

【写真❷】南北に分かれていた両駅だが、短距離のため統合されて新駅が誕生した

JR東日本

■**新橋**(しんばし)東海道線 *1914/12/20【港区】□烏森(からすもり)*1909/12/16 ☞ 8Pに詳細解説

■**大井町**(おおいまち)東海道線 *1914/12/20【品川区】□大井連絡所(おおいれんらくじょ)*1901/03/15

■**東十条**(ひがしじゅうじょう)東北線 *1957/04/01【北区】□下十條(しもじゅうじょう)*1931/08/01

■**尾久**(おく)東北線 *1929/06/20【北区】□貝塚(操車場)(かいづか)*1926/10/10

■**錦糸町**(きんしちょう)総武線 *1915/05/01【墨田区】□本所(ほんじょ)*1894/12/09 ☞ 9Pに詳細解説

■**両国**(りょうごく)総武線 *1931/10/01【墨田区】□両国橋(りょうごくばし)*1904/04/05 ☞ 11Pに詳細解説

■**東中野**(ひがしなかの)中央線 *1917/01/01【中野区】□柏木(かしわぎ)*1906/06/14 ☞ 12Pに詳細解説

■**武蔵境**(むさしさかい)中央線 *1919/07/01【武蔵野市】□境(さかい)*1889/04/11 ☞ 14Pに詳細解説

■**国立**(くにたち)中央線 *1926/04/01【国立市】□谷保(信号所)(やほ)*1926/03/01 ☞ 15Pに詳細解説

■**高尾**(たかお)中央線 *1961/03/20【八王子市】□浅川(あさかわ)*1901/08/01 ☞ 16Pに詳細解説

■**昭島**(あきしま)青梅線 *1959/10/01【昭島市】①昭和前(昇格※)(しょうわまえ)*1938/12/25←昭和前(仮駅)(しょうわまえ)*1938/01/25 ※仮駅から本駅に昇格 ☞ 18Pに詳細解説

■**石神前**(いしがみまえ)青梅線 *1947/03/01【青梅市】①三田村(みたむら)*1944/04/01←□楽々園(らくらくえん)*1928/10/13 ☞ 19Pに詳細解説

■**奥多摩**(おくたま)青梅線 *1971/02/01【奥多摩町】□氷川(ひかわ)*1944/07/01 ☞ 20Pに詳細解説

■**秋川**(あきがわ)五日市線 *1987/03/31【あきる野市】□西秋留(にしあきる)*1925/04/21 ☞ 22Pに詳細解説

■**武蔵引田**(むさしひきだ)五日市線 *1944/04/01【あきる野市】□病院前(びょういんまえ)*1930/04/04 ☞ 24Pに詳細解説

■**武蔵増戸**(むさしますこ)五日市線 *1925/05/16【あきる野市】□増戸(ますこ)*1925/04/21

■**武蔵五日市**(むさしいつかいち)五日市線 *1925/06/01【あきる野市】□五日市(いつかいち)*1925/04/21

■**南多摩**(みなみたま)南武線 *1939/09/14【稲城市】①南多摩川(統合※)(みなみたまがわ)*1934/10/21←②多摩聖蹟口(たませいせきぐち)*1931/--/--←□大丸(おおまる)*1927/11/11 ※貨物駅・南多摩川駅を統合 ☞ 25Pに詳細解説

■**分倍河原**(ぶばいがわら)南武線 *1929/12/11【府中市】□屋敷分(やしきぶん)*1928/12/11

■**町田**(まちだ)横浜線 *1980/04/01【町田市】□原町田(はらまちだ)*1908/09/23

■**北府中**(きたふちゅう)武蔵野線 *1973/04/01【府中市】①北府中(信号場※1)(きたふちゅう)*1952/07/01←②富士見(仮乗降場※2)(ふじみ)*1949/01/21←□富士見(仮信号場※3)(ふじみ)*1934/11/06 ※1.信号場に転換し改称 ※2.乗客も扱う仮乗降場 ※3.客貨を扱わない仮信号場

都営交通

■**三ノ輪橋**(みのわばし)都電・荒川線 *1942/02/01【荒川区】□三ノ輪(みのわ)*1913/04/01

■**荒川区役所前**(あらかわくやくしょまえ)都電・荒川線 *1962/10/01【荒川区】①三河島二丁目(みかわしまにちょうめ)*1942/02/01←□千住間道(せんじゅかんどう)*1913/04/01

■**荒川二丁目**(あらかわにちょうめ)都電・荒川線 *1961/10/01【荒川区】①三河島(復活※1)(みかわしま)*1951/--/--←②三河島(廃止※2)(みかわしま)*1944/--/--←□三河島(みかわしま)*1913/04/01 ※1.戦後需要の増加で復活 ※2.戦時の不要不急停車場で廃止

■荒川七丁目（あらかわななちょうめ）都電・荒川線
*1961/10/01【荒川区】①三河島八丁目（みかわしま
はっちょうめ）*1942/02/01←□博善社前（はくぜん
しゃまえ）*1913/04/01

■町屋駅前（まちやえきまえ）都電・荒川線
*1977/05/--【荒川区】①町屋一丁目（まちやいっちょ
うめ）*1942/02/01←□稲荷前（いなりまえ）
*1927/07/27

■町屋二丁目（まちやにちょうめ）都電・荒川線
*1942/02/01【荒川区】□町屋（まちや）*1913/04/01

■東尾久三丁目（ひがしおぐさんちょうめ）都電・荒
川線*1965/09/15【荒川区】①尾久町一丁目（おぐ
まちいっちょうめ）*1961/10/25←□下尾久（しもお
ぐ）*1913/04/01

■熊野前（くまのまえ）都電・荒川線*1942/02/01
【荒川区】①王電熊野前（おうでんくまのまえ）
*1938/04/27←□熊ノ前（くまのまえ）*1913/04/01

■小台（おだい）都電・荒川線*1942/02/01【荒川
区】□小台ノ渡（おだいのわたし）*1913/04/01

■荒川遊園地前（あらかわゆうえんちまえ）都電・荒
川線*1983/06/--【荒川区】①西尾久七丁目（にし
おぐななちょうめ）*1965/09/15←②尾久町六丁目
（おぐまちろくちょうめ）*1939/09/01←□遊園地前
（ゆうえんちまえ）*1922/03/20

■荒川車庫前（あらかわしゃこまえ）都電・荒川線
*1942/02/01【荒川区】□船方前（ふなかたまえ）
*1913/04/01

■栄町（さかえちょう）都電・荒川線*1958/09/--【北
区】□飛鳥山下（あすかやました）*1913/04/01

■王子駅前（おうじえきまえ）都電・荒川線
*1942/02/01【北区】①王電王子（おうでんおうじ）
*1938/04/27←□王子（おうじ）*1915/04/01

■西ヶ原四丁目（にしがはらよんちょうめ）都電・荒川
線*1956/09/15【北区】□滝野川（たきのがわ）
*1911/08/20

■新庚申塚（しんこうしんづか）都電・荒川線
*1930/03/17【豊島区】□板橋新道（いたばししんみ
ち）*1929/05/24

■大塚駅前（おおつかえきまえ）都電・荒川線
*1942/02/01【豊島区】①王電大塚（おうでんおおつ
か）*1938/04/27←□大塚（おおつか）*1911/08/20

■東池袋四丁目（ひがしいけぶくろよんちょうめ）都
電・荒川線*1967/03/01【豊島区】①日ノ出町二丁
目（ひのでちょうにちょうめ）*1939/04/01←□水久保
（みずくぼ）*1925/11/12

■都電雑司ヶ谷（とでんぞうしがや）都電・荒川線
*2008/06/14【豊島区】□雑司ヶ谷（ぞうしがや）
*1925/11/12

■鬼子母神前（きしぼじんまえ）都電・荒川線
*1977/07/--【豊島区】□鬼子母神（きしぼじん）
*1925/11/12

■日本橋（にほんばし）地下鉄・浅草線*1989/03/19
【中央区】□江戸橋（えどばし）*1963/02/28☞26P
に詳細解説

■高島平（たかしまだいら）地下鉄・三田線*1969/08/01
【板橋区】□志村（しむら）*1968/12/27☞27Pに詳
細解説

東京メトロ

■表参道（おもてさんどう）銀座線*1972/10/20【港
区】①神宮前（じんぐうまえ）*1939/09/16←□青山
六丁目（あおやまろくちょうめ）*1938/11/18☞28Pに
詳細解説

■銀座（ぎんざ）丸ノ内線*1964/08/29【中央区】□
西銀座（にしぎんざ）*1957/12/15☞30Pに詳細解説

■地下鉄成増（ちかてつなります）有楽町線
*2004/04/01【板橋区】□営団成増（えいだんなりま
す）*1983/06/24

■地下鉄赤塚（ちかてつあかつか）有楽町線
*2004/04/01【板橋区】□営団赤塚（えいだんあかつ
か）*1983/06/24

東京モノレール

■流通センター（りゅうつうせんたー）羽田空港線
*1972/01/08【大田区】□新平和島（しんへいわじ
ま）*1969/12/15

■整備場（せいびじょう）羽田空港線 *1993/09/27【大田区】□羽田整備場（はねだせいびじょう）*1967/03/20

■天空橋（てんくうばし）羽田空港線 *1998/11/18【大田区】□羽田（はねだ）*1993/09/27

■羽田空港第１ターミナル（はねだくうこうだいいちたーみなる）羽田空港線 *2020/03/14【大田区】①羽田空港第１ビル（はねだくうこうだいいちびる）*2004/12/01 ←□羽田空港（はねだくうこう）*1993/09/27

■羽田空港第２ターミナル（はねだくうこうだいにたーみなる）羽田空港線 *2020/03/14【大田区】□羽田空港第２ビル（はねだくうこうだいにびる）*2004/12/01

■羽田空港第３ターミナル（はねだくうこうだいさんたーみなる）羽田空港線 *2020/03/14【大田区】□羽田空港国際線ビル（はねだくうこうこくさいせんびる）*2010/05/14

東京臨海高速鉄道

■東京国際クルーズターミナル（とうきょうこくさいくるーずたーみなる）ゆりかもめ *2019/03/16【江東区】□船の科学館（ふねのかがくかん）*1995/11/01

■東京ビッグサイト（とうきょうびっぐさいと）ゆりかもめ *2019/03/16【江東区】□国際展示場前（こくさいてんじじょうまえ）*1995/11/01

東武鉄道

■浅草（あさくさ）伊勢崎線 *1945/10/01【台東区】□浅草雷門（あさくさかみなりもん）*1931/05/25 ☞ 34P に詳細解説

■とうきょうスカイツリー（とうきょうすかいつりー）伊勢崎線 *2012/03/17【台東区】①業平橋（なりひらばし）*1931/05/25 ←浅草②（あさくさ）*1910/03/01 ←③吾妻橋（復活※1）（あづまばし）*1908/03/01 ←④吾妻橋（廃止※2）（あづまばし）*1904/04/05 ←□吾妻橋（あづまばし）*1902/04/01 ※1. 貨物輸送で当駅行きの路線再営業で復活 ※2. 総武鉄道線への乗り入れで盲腸線終点の当駅不要となり廃止 ☞ 35P に詳細解説

■東向島（ひがしむこうじま）伊勢崎線 *1987/12/21【台東区】①玉ノ井(復活※1)(たまのい)*1949/10/01 ←②玉ノ井（休止※2）(たまのい)*1945/04/20 ←③玉ノ井（復活※3）(たまのい)*1924/10/01 ←④白鬚（廃止※4）(しらひげ)*1908/04/04 ←□白鬚(しらひげ)*1902/04/01 ※1. 戦後の飲食業の振興で復活 ※2. 戦後の混乱期で一時休止 ※3. 大正期の好景気で改称し復活 ※4. 駅廃止（理由不明）☞ 37P で詳細解説

■東あずま（復活※1）（ひがしあずま）亀戸線 *1956/05/20【墨田区】①平井街道（一旦廃止※2）(ひらいかいどう)*1945/05/20 ←□平井街道（ひらいかいどう）*1928/04/15 ※1. 戦後の居住者増で平井街道駅を改称し復活 ※2. 戦時中の不要不急駅で廃止

■北池袋（復活※1）（きたいけぶくろ）東上線 *1951/09/01【豊島区】①東武堀ノ内（廃止※2）(とうぶほりのうち)*1947/08/29 ←□東武堀ノ内（とうぶほりのうち）*1934/05/01 ※1. 地元住民の再開要望で復活 ※2. 戦時空襲消失で休止後廃止

■ときわ台（ときわだい）東上線 *1951/10/01【板橋区】□武蔵常盤（むさしときわ）*1935/10/20 ☞ 38P に詳細解説

京成電鉄

■京成上野（けいせいうえの）本線 *1953/05/01【台東区】□上野公園（うえのこうえん）*1933/12/10

■京成高砂（けいせいたかさご）本線 *1931/11/18【葛飾区】①高砂（たかさご）*1913/06/26 ←□曲金（まがりかね）*1012/11/03 ☞ 39P に詳細解説

■江戸川（えどがわ）本線 *1914/08/30【江戸川区】①市川（いちかわ）*1912/--/-- ←□伊予田（いよだ）*1912/11/03 →40P に詳細解説

■京成曳舟（けいせいひきふね）押上線 *1931/11/18【墨田区】□曳舟（ひきふね）*1912/11/03

■八広（やひろ）押上線 *1994/04/01【墨田区】□荒川（あらかわ）*1923/07/11 ☞ P41 に詳細解説

■京成立石（けいせいたていし）押上線 *1931/11/18【葛飾区】□立石（たていし）*1912/11/03

■京成金町（けいせいかなまち）金町線*1931/11/18【葛飾区】□金町（かなまち）*1899/12/17

西武鉄道

■江古田（えこだ）池袋線*1923/--/--【練馬区】□武蔵高等学校用（仮）（むさしこうとうがっこうよう）*1922/11/01 ☞ P42に詳細解説

■富士見台（ふじみだい）池袋線*1933/03/01【練馬区】□貫井（ぬくい）*1925/03/15 ☞ 43Pに詳細解説

■石神井公園（しゃくじいこうえん）池袋線*1933/03/01【練馬区】□石神井（しゃくじい）*1915/04/15

■大泉学園（おおいずみがくえん）池袋線*1933/03/01【練馬区】□東大泉（ひがしおおいずみ）*1924/11/01 ☞ 44Pに詳細解説

■ひばりヶ丘（ひばりがおか）池袋線*1959/05/01【西東京市】□田無町（たなしまち）*1924/06/11 ☞ 45Pに詳細解説

■都立家政（とりつかせい）新宿線*1943/07/01【中野区】□府立家政（ふりつかせい）*1937/12/25 ☞ 47Pに詳細解説

■東伏見（ひがしふしみ）新宿線*1929/11/20【西東京市】□上保谷（かみほうや）*1927/04/16 ☞ 48Pに詳細解説

■東村山（復活※1）（ひがしむらやま）新宿線*1895/08/06【東村山市】①久米川（廃止※2）（くめがわ）*1895/03/21 ←②久米川（仮※3）（くめがわ）*1894/12/21 ※1.住民要望で設置 ※2.全線開業で途中駅の当仮駅を廃止 ※3.鉄道開業も住民反対のため当地へ臨時的な仮駅で設置 ☞ 49Pに詳細解説

■小平（こだいら）拝島線*128/11/02【小平市】本小平（もとこだいら）*1928/11/02

■東大和市（ひがしやまとし）拝島線*1979/03/25【東大和市】□青梅橋（おうめばし）*1950/05/15 ☞ 50Pに詳細解説

■一橋学園（ひとつばしがくえん）多摩湖線*1966/07/01【小平市】①一橋大学（ひとつばしだいがく）*1949/05/02 ←②商大予科前（しょうだいよかまえ）*1933/09/11 ☞ 52Pに詳細解説

■武蔵大和（むさしやまと）多摩湖線*1936/12/20【東村山市】□村山貯水池（仮※）（むらやまちょすいち）*1930/01/23 ※貯水池に近接する本駅設置までの仮駅→53Pに詳細解説

■多摩湖（たまこ）多摩湖線*2021/03/13【東村山市】①西武遊園地（せいぶゆうえんち）*1979/03/25 ←②多摩湖（たまこ）*1951/09/01 ←③狭山公園前（さやまこうえんまえ）*1941/04/01 ←村山貯水池（むらやまちょすいち）*1936/12/30 ☞ 54Pに詳細解説

■多磨（たま）多摩川線*2001/03/28【府中市】□多磨墓地前（たまぼちまえ）*1929/01/05 ☞ 56Pに詳細解説

■武蔵境（むさしさかい）多摩川線*1919/07/01【武蔵野市】□境（さかい）*1917/10/22

■白糸台（しらいとだい）多摩川線*2001/03/28【府中市】□北多磨（きたたま）*1917/10/22 ☞ 58Pに詳細解説

■競艇場前（きょうていじょうまえ）多摩川線*1954/05/21【府中市】□常久（つねひさ）*1919/06/01 ☞ 59Pに詳細解説

■豊島園（としまえん）豊島線*1933/03/01【練馬区】□豊島（としま）*1927/10/15 ☞ 60Pに詳細解説

小田急電鉄

■南新宿（みなみしんじゅく）小田原線*1942/05/01【渋谷区】①小田急本社前（おだきゅうほんしゃまえ）*1937/07/01 ←千駄ヶ谷新田（せんだがやしんでん）*1927/04/01 ☞ 64Pに詳細解説

■代々木上原（よよぎうえはら）小田原線*1941/10/15【渋谷区】□代々幡上原（よよはたうえはら）*1927/04/01

■世田谷代田（せたがやだいた）小田原線*1946/08/20【世田谷区】□世田ヶ谷中原（せたがやなかはら）*1927/04/01 ☞ 65Pに詳細解説

■町田（まちだ）小田原線*1976/04/11【町田市】□新原町田（しんはらまちだ）*1927/04/01 ☞ 66Pに詳細解説

京王電鉄

■**新宿**（移設※）（しんじゅく）京王線 *1945/07/24【新宿区】①省線新宿駅前（しょうせんしんじゅくえきまえ）*1937/05/01←□停車場前（ていしゃじょうまえ）*1915/05/01 ※現新宿駅所在地へ移転

■**明大前**（めいだいまえ）京王線 *1935/02/08【世田谷区】①松原（まつばら）*1917/--/--←□火薬庫前（かやくこまえ）*1913/04/15 ☞ 82Pに詳細解説

■**明大前**（めいだいまえ）井の頭線 *1935/02/08【世田谷区】□西松原（にしまつばら）*1933/08/01 ☞ 82Pに詳細解説

■**下高井戸**（しもたかいど）京王線 *1944/06/01【世田谷区】①日大前（にちだいまえ）*1938/03/25←□下高井戸（しもたかいど）*1913/04/15 ☞ 68Pに詳細解説

■**桜上水**（さくらじょうすい）京王線 *1937/05/01【世田谷区】①京王車庫前（けいおうしゃこまえ）*1933/08/11←□北沢車庫前（きたざわしゃこまえ）*1926/04/28 ☞ 69Pに詳細解説

■**上北沢**（かみきたざわ）京王線 *1932/12/10【世田谷区】①北沢（きたざわ）*1917/--/--←□上北沢（かみきたざわ）*1913/04/15

■**八幡山**（はちまんやま）京王線 *1937/09/01【杉並区】□松沢（まつざわ）*1918/05/01 ☞ 70Pに詳細解説

■**芦花公園**（ろかこうえん）京王線 *1937/09/01【世田谷区】□上高井戸（かみたかいど）*1913/04/15 ☞ 71Pに詳細解説

■**千歳烏山**（ちとせからすやま）京王線 *1929/08/07【世田谷区】□烏山（からすやま）*1913/04/15

■**仙川**（せんがわ）京王線 *1917/--/--【調布市】□下仙川（しもせんがわ）*1913/04/15

■**つつじヶ丘**（つつじがおか）京王線 *1957/05/15【調布市】□金子（かねこ）*1913/04/15 ☞ 72Pに詳細解説

■**西調布**（にしちょうふ）京王線 *1959/06/01【調布市】□上石原（かみいしはら）*1916/09/01 ☞ 74Pに詳細解説

■**武蔵野台**（むさしのだい）京王線 *1959/06/01【府中市】□車返（くるまがえし）*1916/10/31 ☞ 75Pに詳細解説

■**多磨霊園**（たまれいえん）京王線 *1937/05/01【府中市】①市公園墓地前（しこうえんぼちまえ）*1932/12/08←□多磨（たま）*1916/10/31 ☞ 76Pに詳細解説

■**東府中**（ひがしふちゅう）京王線 *1937/09/01【府中市】□八幡前（はちまんまえ）*1916/10/31 ☞ 77Pに詳細解説

■**分倍河原**（ぶばいがわら）京王線 *1929/05/01【府中市】□屋敷分（やしきぶん）*1925/03/24 ☞ 78Pに詳細解説

■**聖蹟桜ヶ丘**（せいせきさくらがおか）京王線 *1937/05/01【多摩市】□関戸（せきど）*1925/03/24 ☞ 79Pに詳細解説

■**平山城址公園**（ひらやまじょうしこうえん）京王線 *1955/09/11【日野市】□平山（ひらやま）*1925/03/24

■**百草園**（もぐさえん）京王線 *1937/05/01【日野市】□百草（もぐさ）*1925/03/24

■**高幡不動**（たかはたふどう）京王線 *1937/05/01【日野市】□高幡（たかはた）*1925/03/24

■**京王八王子**（けいおうはちおうじ）京王線 *1963/12/11【八王子市】□東八王子（ひがしはちおうじ）*1925/03/24 ☞ 80Pに詳細解説

■**駒場東大前**（こまばとうだいまえ）井の頭線 *1965/07/11【目黒区】①東大前（とうだいまえ）*1951/12/01←②一高前（いちこうまえ）*1935/08/10←□東駒場（ひがしこまば）*1933/08/01 ☞ 83Pに詳細解説

■**新代田**（しんだいた）井の頭線 *1966/07/21【世田谷区】□代田二丁目（だいたにちょうめ）*1933/08/01

■**井の頭公園**（いのかしらこうえん）井の頭線 *1960/--/--【三鷹市】①井ノ頭公園（いのかしらこうえん）*1950/--/--←□井之頭公園（いのかしらこうえん）*1933/08/01

■**京王多摩川**（けいおうたまがわ）相模原線 *1937/05/01【調布市】□多摩川原（たまがわら）*1916/06/01 ☞ 84Pに詳細解説

■京王片倉（かいおうかたくら）高尾線 *1967/10/01【八王子市】□片倉（かたくら）*1931/03/20

東急電鉄

■学芸大学（がくげいだいがく）東横線 *1952/07/01【目黒区】①第一師範（だいいちしはん）*1943/12/01←②青山師範（あおやましはん）*1936/04/01←□碑文谷（ひもんや）*1927/08/28 ☞ 88Pに詳細解説

■都立大学（とりつだいがく）東横線 *1952/07/01【目黒区】①都立高校（とりつこうこう）*1943/12/01←②府立高等（ふりつこうこう）*1932/03/31←③府立高等前（ふりつこうとうまえ）*1931/07/25←□柿ノ木坂（かきのきざか）*1927/08/28 ☞ 89Pに詳細解説

■自由が丘（じゆうがおか）東横線 *1966/01/20【目黒区】①自由ヶ丘（じゆうがおか）*1929/10/22←□九品仏（くほんぶつ）*1927/08/28 ☞ 90Pに詳細解説

■不動前（ふどうまえ）目黒線 *1923/10/--【品川区】□目黒不動前（めぐろふどうまえ）*1923/03/11 ☞ 92Pに詳細解説

■武蔵小山（むさしこやま）目黒線 *1924/06/20【品川区】□小山（こやま）*1923/03/11

■田園調布（でんえんちょうふ）目黒線 *1926/01/01【大田区】□調布（ちょうふ）*1923/03/11 ☞ 93Pに詳細解説

■多摩川（たまがわ）東急多摩川線 *2000/08/06【大田区】①多摩川園（たまがわえん）*1977/12/16←②多摩川園前（たまがわえんまえ）*1931/01/01⑧丸子多摩川（まるこたまがわ）*1926/01/01←□多摩川（たまがわ）*1923/03/11 ☞ 94Pに詳細解説

■沼部（ぬまべ）東急多摩川線 *1926/01/01【大田区】①武蔵丸子（むさしまるこ）*1924/06/01←□丸子（まるこ）*1923/03/11 ☞ 96Pに詳細解説

■鵜の木（うのき）東急多摩川線 *1966/01/20【大田区】□鵜ノ木（うのき）*1924/02/29

■武蔵新田（むさしにった）東急多摩川線 *1924/04/01【大田区】□新田（にった）*1923/11/01

■矢口渡（やぐちのわたし）東急多摩川線 *1930/05/21【大田区】□矢口（やぐち）*1930/11/01

■旗の台（はたのだい）池上線 *1951/05/01【品川区】□旗ヶ岡（はたがおか）*1927/08/28 ☞ 107Pに詳細解説

■旗の台（はたのだい）大井町線 *1951/03/01【大田区】□東洗足（ひがしせんぞく）*1927/07/06 ☞ 107Pに詳細解説

■石川台（いしかわだい）池上線 *1928/04/13【大田区】□石川（いしかわ）*1927/08/28

■雪が谷大塚（ゆきがやおおつか）池上線 *1966/01/20【大田区】①雪ヶ谷大塚（ゆきがやおおつか）*1933/06/01←□雪ヶ谷（ゆきがや）*1923/05/04 ☞ 97Pに詳細解説

■御嶽山（おんたけさん）池上線 *1933/06/01【大田区】□御嶽山前（おんたけさんまえ）*1923/05/04

■久が原（くがはら）池上線 *1966/01/20【大田区】①久ヶ原（くがはら）*1936/01/01←②東調布（ひがしちょうふ）*1928/04/13←□末広（すえひろ）*1923/05/04 ☞ 99Pに詳細解説

■千鳥町（ちどりちょう）池上線 *1936/01/01【大田区】□慶大グランド前（けいだいぐらんどまえ）*1926/11/08 ☞ 100Pに詳細解説

■下神明（しもしんめい）大井町線 *1936/01/01【大田区】□戸越（とごし）*1927/07/06 ☞ 101Pに詳細解説

■戸越公園（とごしこうえん）大井町線 *1936/01/01【大田区】□蛇窪（へびくぼ）*1927/07/06 ☞ 102Pに詳細解説

■緑が丘（みどりがおか）大井町線 *1966/01/20【目黒区】①緑ヶ丘（みどりがおか）*1933/04/01←□中丸山（なかまるやま）*1929/12/25 ☞ 105Pに詳細解説

■北洗束（きたせんぞく）大井町線 *1936/01/01【大田区】①洗足公園（せんぞくこうえん）*1930/05/21←□池月（いけづき）*1928/10/10 ☞ 103Pに詳細解説

■二子玉川（ふたこたまがわ）大井町線 *2000/08/06【世田谷区】①二子玉川園（ふたこたまがわえん）*1954/08/01←②二子玉川（ふたこたまがわ）*1944/10/20←③二子読売園（統合※）（ふたこよみうりえん）*1940/12/01←□二子玉川（ふたこたまがわ）*1929/11/01 ※玉川電鉄・玉川駅と統合し改

称☞108Pに詳細解説

■**二子玉川**（ふたこたまがわ）田園都市線 *2000/08/06【世田谷区】①二子玉川園（ふたこたまがわえん）*1954/08/01←②二子玉川（ふたこたまがわ）*1944/10/20←③二子読売園（統合※）（ふたこよみうりえん）*1940/12/01←④よみうり遊園（よみうりゆうえん）*1939/03/11←□玉川（たまがわ）*1907/04/01 ※目蒲電鉄・二子玉川駅と統合し改称 ☞108Pに詳細解説

■**南町田グランベリーパーク**（みなみまちだぐらんべりーぱーく）田園都市線 *2019/11/13【町田市】□南町田（みなみまちだ）*1976/10/15 ☞106Pに詳細解説

■**西太子堂**（にしたいしどう）世田谷線 *1938/10/16【世田谷区】□西山（にしやま）*1925/01/18

■**若林**（わかばやし）世田谷線 *1969/05/11【世田谷区】①玉電若林（たまでんわかばやし）*1939/10/16←□若林（わかばやし）*1925/01/18

■**宮の坂**（みやのさか）世田谷線 *1966/01/20【世田谷区】①宮ノ坂（統合※）（みやのさか）*1945/07/15←□豪徳寺前（ごうとくじまえ）*1925/05/01 ※開業時駅と燐駅の宮ノ坂駅を統合して改称

■**山下**（やました）世田谷線 *1969/05/11【世田谷区】①玉電山下（たまでんやました）*1939/10/16←□山下（やました）*1925/05/01

■**松原**（まつばら）世田谷線 *1969/05/11【世田谷区】①玉電松原（たまでんまつばら）*1949/09/01←□六所神社前（ろくしょじんじゃまえ）*1925/05/01

京急電鉄

■**北品川**（移転※）（きたしながわ）本線 *1925/03/--【品川区】□品川（しながわ）*1904/05/08 ※官鉄・品川駅前（高輪駅）への乗り入れで当駅を移転後に改称 ☞111Pに詳細解説

■**新馬場**（統合※）（しんばんば）本線 *1976/05/08【品川区】□北馬場（きたばんば）*1904/05/08 ※南馬場駅と統合し新馬場駅と改称

■**新馬場**（統合※）（しんばんば）本線 *1976/05/08【品川区】□南馬場（みなみばんば）*1946/10/-- ※北馬場駅と統合し新馬場駅と改称

■**青物横丁**（あおものよこちょう）本線 *1930/--/--【品川区】□青物横町（あおものよこちょう）*1904/05/08

■**大森海岸**（おおもりかいがん）本線 *1933/07/01【品川区】①海岸（かいがん）*1904/05/08←□八幡（やはた）*1901/02/01 ☞112Pに詳細解説

■**平和島**（へいわじま）本線 *1961/09/01【大田区】①学校裏（がっこううら）*1904/--/--←□沢田（さわだ）*1901/02/01 ☞113Pに詳細解説

■**大森町**（復活※1）（おおもりちょう）本線 *1952/12/15【大田区】①大森山谷（廃止※2）（おおもりさんや）*1949/6/30←□山谷（さんや）*1901/02/01 ※1.人口増で町名に改称して復活 ※2.軌道変更で大森山谷駅へ改称後に廃止

■**六郷土手**（ろくごうどて）本線 *1932/--/--【大田区】□六郷堤（ろくごうづつみ）*1906/10/01 ☞116Pに詳細解説

■**京急蒲田**（けいきゅうかまた）本線 *1987/06/01【大田区】①京浜蒲田（けいひんかまた）*1925/11/--←□蒲田（かまた）*1901/02/01 ☞115Pに詳細解説

■**穴守稲荷**（あなもりいなり）空港線 *1956/04/20【大田区】①稲荷橋（いなりばし）*1915/01/01←□羽田（はねだ）*1914/01/01 ☞117Pに詳細解説

■**天空橋**（てんくうばし）空港線 *1998/11/18【大田区】□羽田（はねだ）*1956/04/20 ☞118Pに詳細解説

■**羽田空港第1ターミナル**（はねだくうこうだいいちたーみなる）空港線 *2020/03/14【大田区】①羽田空港第1ビル（はねだくうこうだいいちびる）*2004/12/01←□羽田空港（はねだくうこう）*1993/04/01

■**羽田空港第2ターミナル**（はねだくうこうだいにたーみなる）空港線 *2020/03/14【大田区】①羽田空港第2ビル（はねだくうこうだいにびる）*2004/12/01←□羽田空港第2ビル（はねだくうこうだいにびる）*2004/12/01

■**羽田空港第3ターミナル**（はねだくうこうだいさんたーみなる）空港線 *2020/03/14【大田区】□羽田空港国際線ターミナル（はねだくうこうこくさいせんたーみなる）*2010/05/14

おわりに

　シリーズ第5弾の「消えた! 東京の駅名」はいかがだったでしょうか。

　私たちは「どちらにお住まいですか」と尋ねられると、つい「○○ (駅) です」と駅名で応えてしまいます。駅名はそれほど私たちの生活にとって不可欠ですが、時代の流れの中で大きく変化している駅名も少なくありません。

　例えば歴史を持つ駅も、鉄道150年の中でやむなく名前を変えています。1872 (明治5) 年10月、日本で初めて走った鉄道の起終点駅である「新橋」は「汐留」(後に廃止) に、「横浜駅」は「桜木町」へと、馴染んだ駅名に別れを告げるのです。

　駅名改称の理由をたどってみますと、地名 (町村字名) の変更、国名・会社名の冠追加、近隣観光・大規模施設の新設・廃止、類似駅名による混乱の回避などが挙げられます。とりわけ近年では、地域にイメージアップのために、カタカナや「台・山・丘」などを取り入れて改称する駅名も増えています。時代時代に合わせて、駅名も近代化していくようです。今回の本は、こうした駅名改称の背景にスポットを当ててペンを執った本です。

　ところで東京はいうまでもなく、日本で初めての鉄道が走った都市です。蒸気機関車も電車 (専用軌道) も新幹線も、東京が出発点でした。路線や駅は他の都市に比べて圧倒的な数を誇ります。このため鉄道の様々な分野での、見逃せない出来事が多く起こっています。

　著者はこのうち価値の高いと思われる、東京の鉄道の歴史にこだわって調査してきました。東京の豊富すぎる鉄道情報を元に、これまで次の4冊が世に出ています。

①やむなく廃止となった駅を訪ねた=「東京! 消えた全97駅」
②未成に終わった鉄道計画を追う=「東京! 消えた鉄道計画」
③無くなってしまった鉄道の路線跡を訪ねる=「消えた! 東京の鉄道」
④デザイン・構造などで優れた駅舎の今=「消えた! 東京の名駅」

　幸い好評を得てシリーズ化され、これまでの4冊の内容の要約についての紹介が、右ページに掲載されています。書店、ネットなどで手に取っていただければと思います。

　著者としてはこれからも、東京から消えた鉄道の様々なドラマを追いながら、鉄道ファンの皆様に読んで楽しいシリーズ本を提供できればと企画を練っています。

　終わりになりましたが、今回の刊行に当たっても新型コロナへの対応という多忙な中で、鉄道会社や博物館、図書館などの職員の皆さんには大変お世話になりました。改めてお礼を申し上げます。

2023 (令和5) 年1月
中村 建治

参考文献

【資料提供等】

あきる野市立五日市郷土館、昭島市教育委員会、板橋区公文書館、稲城市教育委員会、大田区立郷土博物館、奥多摩町、小田急電鉄、京王電鉄、京急電鉄、京成電鉄、国立公文書館、杉並区立中央図書館、西武鉄道、世田谷区立郷土資料館、田口重久、地下鉄博物館、調布市郷土博物館、東京大学駒場博物館、とうよこ沿線、豊島区立中央図書館、中村恒、西東京市、練馬区、八王子市郷土資料館、府中市、町田市、森川尚一ほか

【参考文献】

・駅舎等一般

「鉄道停車場一覧」（鉄道省）／「停車場一覧」（日本国有鉄道）／「停車場変遷大事典・国鉄JR編」（JTB）／「国鉄全駅名ルーツ事典」（竹書房）／杉崎行恭「日本の駅舎」「駅旅のススメ」「駅舎再発見」（JTBパブリッシング）／今尾恵介「日本鉄道旅行地図帳」（新潮社）、「消えた駅名」（東京堂出版）、「駅名学入門」（中央公論新社）、「日本全国駅名めぐり」（日本加除出版）、「地図と鉄道省文書で読む私鉄の歩み」（白水社）／石野哲「駅名来歴事典」（JTBパブリッシング）／谷川彰英「東京『駅名の謎』」（祥伝社）／内田宗治「駅名の秘密」（実業之日本社）／海原淳「駅と路線の謎と不思議」（東京堂出版）／楠原祐介「この駅名に問題あり」（草思社）／大石学「駅名で読む江戸・東京」（PHP研究所）／博学こだわり倶楽部「駅名から日本地図を旅する本」（夢の設計社）／みなと図書館「写された港区」／大田区郷土博物館「写された大田区」／竹内理三他「角川日本地名大辞典・東京都」（角川書店）／平凡社『日本歴史地名体系・東京都の地名』（平凡社）／中島利一郎「武蔵野の地名」（新人物往来社）／グループ・うつぎ「多摩の駅名の由来」（武蔵野郷土史刊行会）／各社「汽車汽船旅行案内」「汽車時刻表」「時刻表」／「国鉄全線全駅」「私鉄全線全駅」（主婦と生活社）／区史・市史／各社・自治体HPほか

・JR東日本線（旧国鉄）

「日本国有鉄道百年史」（国鉄）／「青梅鉄道30年史」（青梅鉄道）／「青梅線開通120年」（青梅市郷土博物館）／石橋正二郎伝刊行委員会「石橋正二郎」（ブリヂストンタイヤ）ほか

・都営交通

東京都交通局「東京都交通局40年史」「同70年史」「同100年史」（同局）／竹谷為次郎編「王子電気軌道二十五年史」・小川宮次編「王子電気軌道三十年史」（同軌道）／宮松丈夫「王電・都電・荒川線」（大正出版）／小林茂多「行政文書で綴る王子電気軌道株式会社史」（自家本）／中村建治・森川尚一「都電荒川線の全記録」ほか

・東武鉄道
東武鉄道「東武鉄道六十五年史」「写真で見る東武鉄道80年」「東武鉄道百年史」／山下ルミコ「東武伊勢崎線・日光線・街と駅の1世紀」／矢嶋修一「東武東上線・街と駅の1世紀」（彩流社）ほか

・京成電鉄
京成電鉄「京成電鉄五十五年史」「京成電鉄八十年史」「京成電鉄100年の歩み」／石本祐吉「京成の駅今昔・昭和の面影」（JTBパブリッシング）／生田誠「京成電鉄・街と駅の1世紀」（彩流社）ほか

・西武鉄道
「写真で見る西武鉄道100年」（ネコ・パブリッシング）／東大和交通史研究の会「多摩湖鉄道」／矢嶋修一「西武新宿線・街と駅の1世紀」「西武池袋線・街と駅の1世紀」（彩流社）ほか

・小田急電鉄
小田急電鉄「小田急二十五年史」「小田急50年史」「小田急電鉄75年史」／吉川文夫「小田急、車両と駅の60年」（大正出版）／生方良雄「小田急の駅今昔・昭和の面影」（JTBパブリッシング）／岡田直「地図で読み解く鉄道沿線」（三才ブックス）／生田誠「小田急電鉄・井の頭線・街と駅の1世紀」（彩流社）ほか

・京王電鉄
京王帝都電鉄「京王帝都電鉄30年史」／京王電鉄「京王電鉄五十年史」／京王電鉄広報部「京王ハンドブック」「京王線・井の頭線 むかし物語」（京王電鉄）／ネコ・パブリッシング「京王の電車・バス100年のあゆみ」（京王電鉄広報部）／村松功「京王電鉄まるごと探検」（JTBパブリッシング）／岡田直「地図で読み解く京王沿線」（三才ブックス）／矢嶋修一「京王線・井の頭線・街と駅の1世紀」（彩流社）／岡島建「東急沿線の不思議と謎」（実業之日本社）ほか

・東急電鉄
東京急行電鉄「東京横浜電鉄沿革史」「東急電鉄50年史」「東急100年の歩み（Web版）」（同）／宮田道一「東急の駅今昔・昭和の面影」（JTBパブリッシング）／関田克孝「東急電鉄記録写真 街と駅の80年の情景」（東急エージェンシー）、「地図で読み解く東急沿線」、（三才ブックス）／生田誠「東急電鉄・街と駅の1世紀」（彩流社）／浜田弘明「東急沿線の不思議と謎」（実業之日本社）／沿線誌「とうよこ沿線」／旗の台南町会「みなみのあゆみ」ほか

・京急電鉄
京急電鉄「京浜電気鉄道沿革史」「京浜急行八十年史」／宮田憲誠「京急電鉄 明治・大正・昭和の歴史と沿線」（JTBパブリッシング）／佐藤良介「京急の駅今昔・昭和の面影」（JTBパブリッシング）／西潟正人「街と駅の1世紀」（彩流社）／岡田直「東急沿線の不思議と謎」（実業之日本社）／大田区立郷土博物館「写された大田区」ほか

中村 建治(なかむら けんじ)

●著者プロフィール

1946（昭和21）年、山梨県大月市生まれ。鉄道史学会会員、消えた！東京の鉄道シリーズ「東京、消えた！全97駅」「東京、消えた！鉄道計画」「消えた！東京の鉄道」「消えた！東京の名駅」（イカロス出版）のほか、「山手線誕生」「東海道線誕生」（イカロス出版）、「中央線誕生」「地下鉄誕生」「中央本線、全線開通！」（交通新聞社）の「鉄道誕生シリーズ」。ほかに「明治・大正・昭和の鉄道地図を読む」「鉄道唱歌の謎」「東京鉄道バトル」などがある

消えた！
東京の駅名

2023年3月20日発行

著者●中村建治

表紙・本文デザイン●小林 加代子

発行人●山手章弘

編集人●佐藤信博

編集●廣部 妥

発行所　　イカロス出版株式会社

　　　　　〒101-0051 東京都千代田区神田神保町 1-105

　　　　　電話 03-6837-4661(出版営業部)

印刷　　　図書印刷株式会社